Édition originale publiée en anglais en 2018 sous le titre *In Focus Astrology: Your Personal Guide*, aux éditions Wellfleet Press, The Quarto Group, USA.

Conception graphique : Ashley Prine, Tandem Books.

Pour l'édition française :
© Albin Michel, 2021
22, rue Huyghens, 75014 Paris
www.albin-michel.fr

Ouvrage publié sous la direction d'Aurélie Starckmann
Traduction : Éric Marson (MiMaBo LDA)
Mise en pages : Éric Marson (MiMaBo LDA)
Relecture et corrections : Emmanuelle Peraldi
Relecture technique : Tristan Balguerie
Adaptation graphique de la couverture : Johanna Fritz

ISBN : 978-2-226-45830-8
Dépôt légal : février 2021
Imprimé en Chine.

FSC
www.fsc.org
MIXTE
Papier issu de sources responsables
FSC® C016973

Les titres de cette collection fournissent des informations générales. Ils ne prétendent pas établir un diagnostic, recommander un traitement ou se substituer à un avis médical et à un traitement prescrit et encadré par un médecin. Les lecteurs souffrant de pathologies sont fortement invités à consulter un médecin.

LES CLÉS DE L'ÉSOTÉRISME

ASTROLOGIE

SASHA FENTON

Albin Michel

SOMMAIRE

1

QU'EST-CE QUE L'ASTROLOGIE ?

L'astrologie n'est ni une religion, ni une croyance. C'est un système à la fois astronomique, psychologique et prévisionnel. Contrairement à de nombreuses autres techniques divinatoires qui ont traversé les siècles, l'astrologie conserve sa popularité, pour la simple raison qu'elle fonctionne.

La rubrique Astro des magazines traite généralement des douze « signes solaires ». Cette approche est la plus simple qui soit, dans la mesure où la Terre tourne toujours en orbite autour du Soleil et qu'au fil de l'année, les signes se succèdent toujours selon la même séquence. Les lecteurs peuvent se concentrer sur le signe qui les concerne sans avoir besoin de consulter un astrologue. En dépit du fait que cette forme d'astrologie soit limitée, elle reste très populaire et peut parfois répondre à des questions simples que l'on se pose. Mais la « véritable astrologie », c'est tout de même autre chose. Celle-ci est construite sur le thème natal d'un individu calculé selon la date, le lieu et l'heure de sa naissance. Un thème natal est un instantané du système solaire au moment où l'individu voit le jour. Le rôle de l'astrologue est de mettre en relation cette carte avec l'évolution des éléments afin d'identifier les tendances et les événements de la vie du sujet.

Disposer de son thème natal et de son interprétation, peut être très utile. C'est notamment un moyen d'être conscient de la manière dont nous nous projetons et de ce que nous ressentons. Cette prise de conscience permet de mieux nous comprendre et de mieux comprendre les autres. C'est aussi fort utile de comprendre en quoi les planètes affectent notre vie au quotidien.

Astrologie signifie « étude des étoiles ».

Horoscope signifie « carte du temps ».

Zodiaque signifie « cercle d'animaux ».

Étudier sérieusement l'astrologie n'est pas une tâche simple, mais elle est loin d'être impossible si l'on s'en donne les moyens. Cela n'implique pas de dépenser une fortune dans un logiciel spécialisé. Il existe en effet de nombreuses applications et des logiciels peu coûteux qui permettent au minimum de calculer le thème natal. De même, les quelques euros que vous investirez dans une application pour votre Smartphone suffisent à obtenir les grandes lignes d'une interprétation astrologique.

Le poster qui accompagne ce livre offre un rapide tour d'horizon des principaux éléments qui constituent l'astrologie.

Les composants

Astrologie natale

La carte natale présente les traits de caractère, de personnalité et les caractéristiques psychologiques d'un individu.

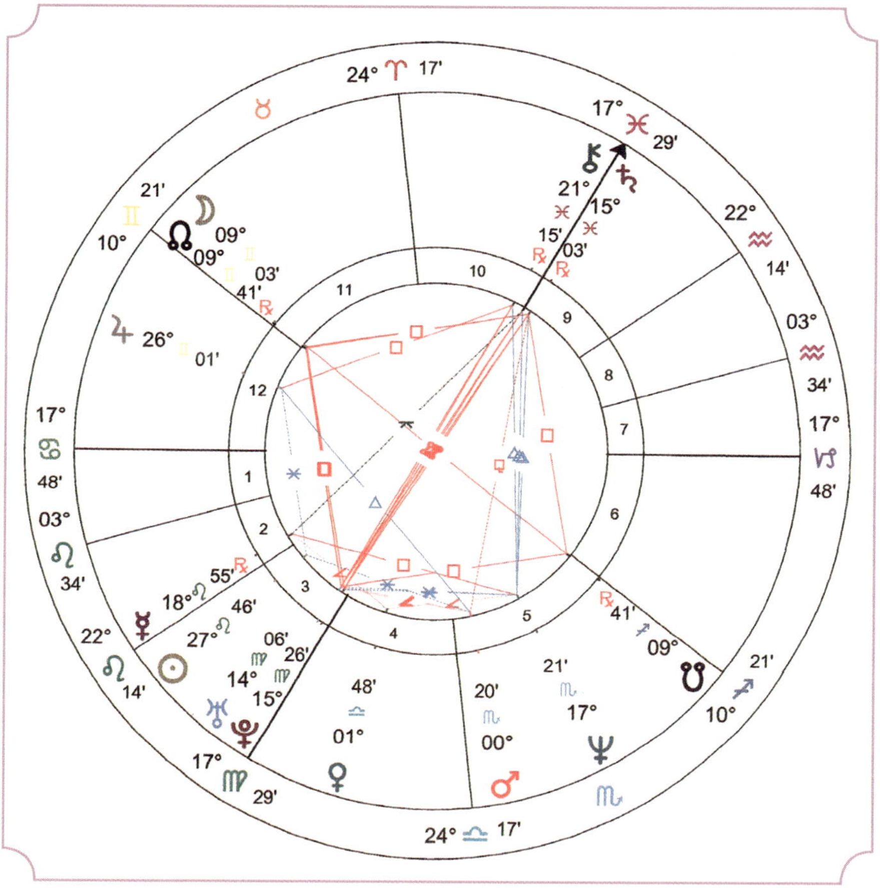

Exemple de carte natale, également appelée thème de naissance ou thème astral.

L'astrologie prédictive

Elle présente les tendances et les événements à venir en analysant le mouvement des planètes comparé avec le thème natal originel.

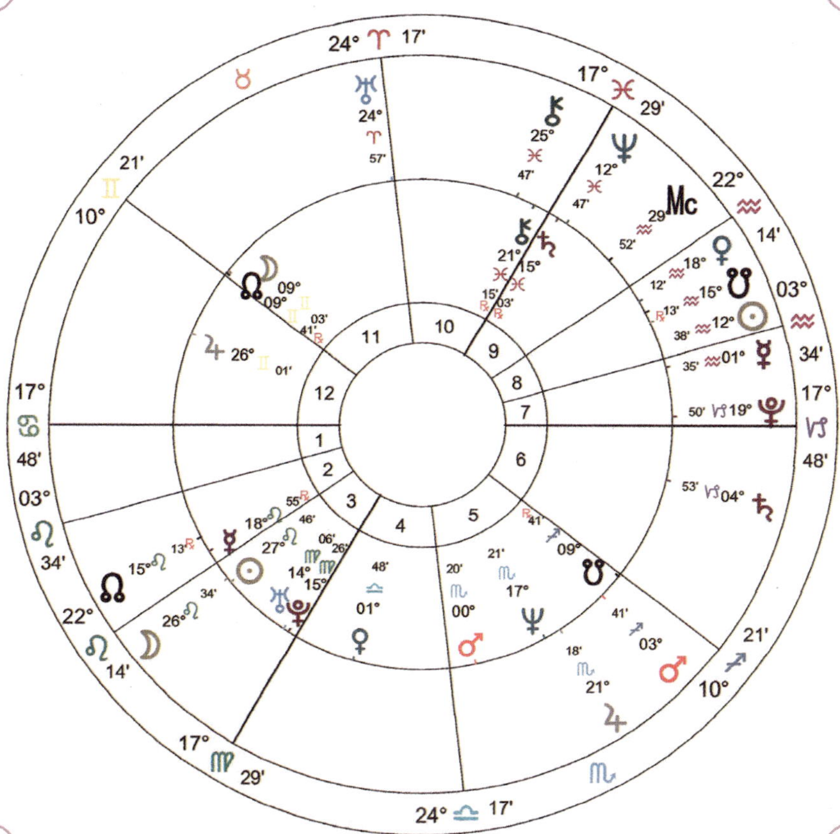

Thème qui présente le mouvement des planètes par rapport à leur position à la naissance du sujet.

Concevoir un thème natal

Lorsque j'ai commencé à m'intéresser à l'astrologie dans les années 1960, la seule façon de faire un thème natal était de le faire à la main. Les quatre ou cinq premières leçons des cours que je donnais à l'époque étaient toujours consacrées à ce calcul. De nos jours, grâce à l'informatique, même les plus grandes écoles d'astrologie ont depuis longtemps abandonné cet enseignement.

Des exemples de sites Web

Il existe des dizaines de sites Web consacrés à l'astrologie. Citons par exemple Astrotheme.com ou Astro.com, considérés parmi les meilleurs.

Votre application préférée

Le choix des applications sur Smartphones et tablettes est lui aussi très vaste. Beaucoup sont gratuites, quelques-unes sont payantes, mais toutes permettent de calculer le thème natal et souvent d'en avoir une interprétation.

Les logiciels

Les logiciels de qualité sont nombreux et les écarts de prix entre ces produits peuvent être importants. Comptez une centaine d'euros si vous souhaitez investir dans un bon outil de travail. Si vous devenez astrologue professionnel, ou si vous décidez d'étudier des concepts astrologiques plus complexes, l'investissement peut être un peu plus conséquent.

La méthode manuelle

Peu nombreux sont les astrologues qui se souviennent encore comment dresser un thème natal. De nos jours, même les grandes écoles d'astrologie n'enseignent plus les méthodes de calcul pour l'obtenir.

Votre carte murale

Ce livre est accompagné d'un poster qui sert de guide de référence rapide et pratique. Il offre un aperçu des principaux éléments constitutifs de l'astrologie, qui font l'objet de cet ouvrage.

Les concepts

Voici les concepts que vous devez connaître ou rechercher dans cet ouvrage si vous souhaitez analyser un thème natal :

- les douze signes du zodiaque
- l'ascendant
- les douze maisons
- les planètes
- les aspects
- les techniques prédictives élémentaires

La compréhension des douze signes du zodiaque offre déjà une bonne entrée en matière, dans la mesure où ces douze signes astrologiques sont liés aux douze maisons. Les planètes sont elles-mêmes reliées aux signes et aux maisons. Le signe du Bélier, la maison I et Mars, par exemple, partagent les mêmes caractéristiques. C'est aussi le cas du signe du Taureau, de la maison II, et de Vénus. Il en va ainsi pour tous les signes du zodiaque. En connaissant les caractéristiques des douze signes, le reste se met en place assez naturellement. Le travail consiste ensuite à rassembler les informations dans l'ordre qui convient, comme le montre le thème natal.

Un thème natal est une carte qui représente le ciel au moment de la naissance d'un individu. Il peut paraître compliqué, mais vous verrez qu'il n'en est rien. En travaillant sur votre propre thème natal, vous comprendrez rapidement comment tout cela fonctionne.

Le plan écliptique ou zodiaque

En astrologie, tout se situe sur le plan écliptique. Ici, lorsque l'on considère le ciel dans son ensemble, ses étoiles et ses nombreuses constellations (la Grande Ourse, Orion le Chasseur, etc.), on ne prend en considération que ce qui est situé sur le plan écliptique. C'est une bonne nouvelle dans la mesure où nous pouvons écarter de notre analyse une bonne partie de ce qui compose le ciel !

Si nous savons aujourd'hui que la Terre tourne autour du Soleil, ce n'était pas le cas dans l'Antiquité. Les anciens astrologues pensaient alors que le Soleil, la Lune, les planètes et les étoiles tournaient tous autour de la Terre. De nos jours, les astrologues et les astronomes s'appuient encore sur le chemin que le Soleil semble parcourir lorsqu'on le regarde depuis notre planète. Cette trajectoire est appelée le *plan écliptique*, mais on l'appelle aussi *l'écliptique* ou plus fréquemment le *zodiaque*.

Le terme *zodiaque* vient du grec ancien. Il a la même racine que *zoo* ou jardin *zoologique*, le préfixe « zo » signifiant « ensemble d'animaux ». Depuis la Terre on distingue douze constellations d'étoiles situées le long de l'écliptique. Ce sont les signes du zodiaque. Les astrologues anciens apparentaient ces constellations à des animaux ou à des figures considérés à l'époque comme des dieux. Les dieux sont depuis longtemps oubliés, mais leurs noms perdurent.

Les glyphes (ou symboles)

Le mot *glyphe* signifie « symbole », comme dans le mot *hiéroglyphe*. Vous avez probablement déjà vu les glyphes des signes. Il est temps d'apprendre à les identifier et à les écrire.

Signe	Bélier	Taureau	Gémeaux
Glyphe	♈	♉	♊
Signe	Cancer	Lion	Vierge
Glyphe	♋	♌	♍
Signe	Balance	Scorpion	Sagittaire
Glyphe	♎	♏	♐
Signe	Capricorne	Verseau	Poissons
Glyphe	♑	♒	♓

Les symboles du zodiaque

Les symboles que nous utilisons pour les signes du zodiaque étaient autrefois considérés comme de véritables dieux qui vivaient parmi les étoiles. Certains d'entre eux ont changé de nom au fil du temps. C'est le cas du Bélier qui était autrefois gouverné par une oie, et que l'on a également appelé mouton ou chèvre. Le Capricorne était autrefois gouverné par un crocodile et le Scorpion par un aigle.

Voici les anciens symboles tels que nous les connaissons aujourd'hui:

Signe	Bélier *Le bélier*	Taureau *Le taureau*	Gémeaux *Les jumeaux*
Symbole			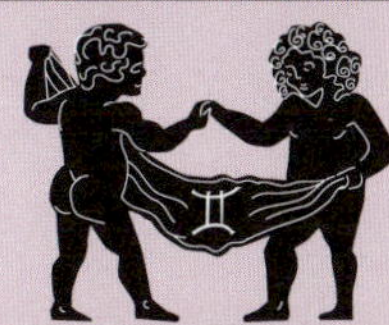
Signe	Cancer *Le crabe*	Lion *Le lion*	Vierge *La vierge ou la jeune fille*
Symbole			
Signe	Balance *La balance*	Scorpion *Le scorpion*	Sagittaire *L'archer ou le centaure*
Symbole			
Signe	Capricorne *La chèvre*	Verseau *Le porteur d'eau*	Poissons *Les poissons*
Symbole			

Les glyphes des planètes

Le tableau suivant présente les glyphes des planètes. Il est important de les mémoriser dans la mesure où ces glyphes sont employés dans tous les thèmes.

Planète	Le Soleil	La Lune	Mercure
Glyphe	☉	☽	☿
Planète	Vénus	Mars	Jupiter
Glyphe	♀	♂	♃
Planète	Saturne	Uranus	Neptune
Glyphe	♄	♅	♆
Planète	Pluton	Chiron	
Glyphe	♇	⚷	

Le Soleil est une étoile et la Lune est un satellite de la Terre. Dans un souci de simplification, ces deux corps célestes sont pour autant appelés planètes. De la même manière, depuis 2006, les astronomes ont rétrogradé Pluton au rang de planète naine. Cela n'a cependant rien changé, Pluton est toujours considéré comme une planète en astrologie. De même, Chiron n'est pas une planète mais un astéroïde de la classe des centaures. Les astrologues ont également l'habitude de s'y référer.

Le zodiaque

Si à l'école vous détestiez les mathématiques ou la géométrie, ne vous laissez pas décourager par ce qui suit. C'est bien plus facile à comprendre qu'il n'y paraît.

Un cercle contient 360 degrés. Lorsqu'on le divise en douze, chaque division contient 30 degrés. Chacune de ces divisions correspond à un signe du zodiaque et mesure de 0 à 29 degrés.

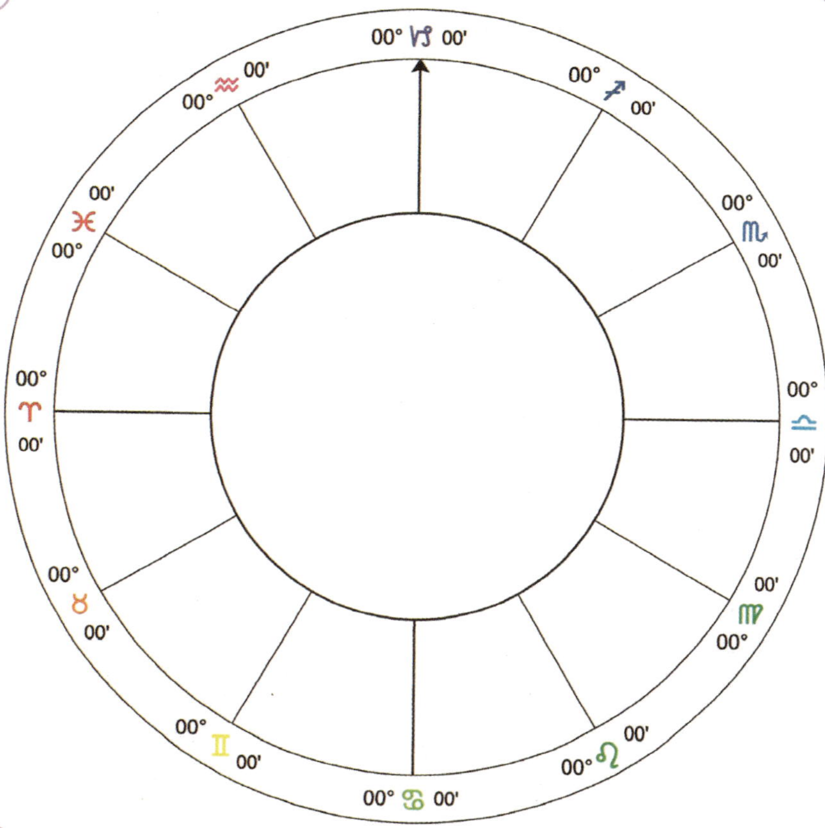

Le zodiaque

L'ascendant

Il existe des similitudes entre un thème natal et une horloge ou une boussole. L'ascendant constitue le point de départ du thème de naissance. Il est situé sur le côté gauche de la carte. Le signe ascendant est le signe qui s'élève au-dessus de l'horizon au moment de la naissance, et l'ascendant est le *point exact* à l'intérieur de ce signe qui s'élève au-dessus de l'horizon. Par exemple, sur la carte de Leonardo DiCaprio, l'ascendant en Balance occupe la position 3 degrés,

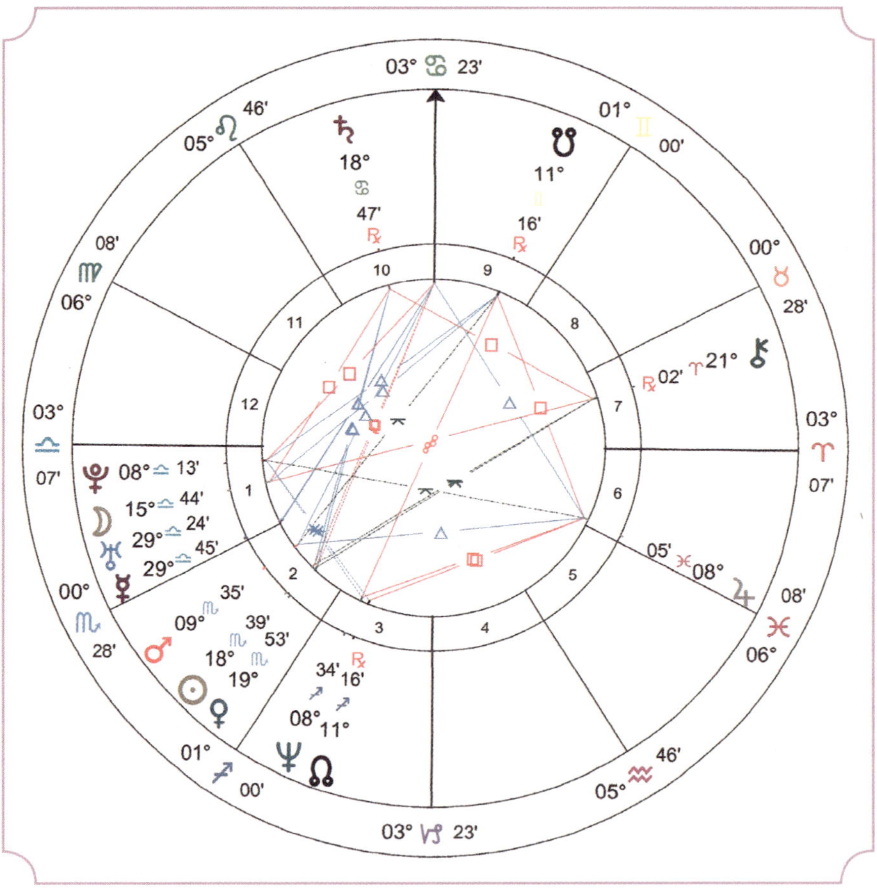

Thème natal de Leonardo DiCaprio, qui indique l'ascendant.

7 minutes. Les maisons font le tour de la carte dans le sens inverse des aiguilles d'une montre à partir de l'ascendant.

Les maisons

Il y a douze maisons. Elles partent de l'ascendant et tournent sur la carte dans le sens inverse des aiguilles d'une montre.

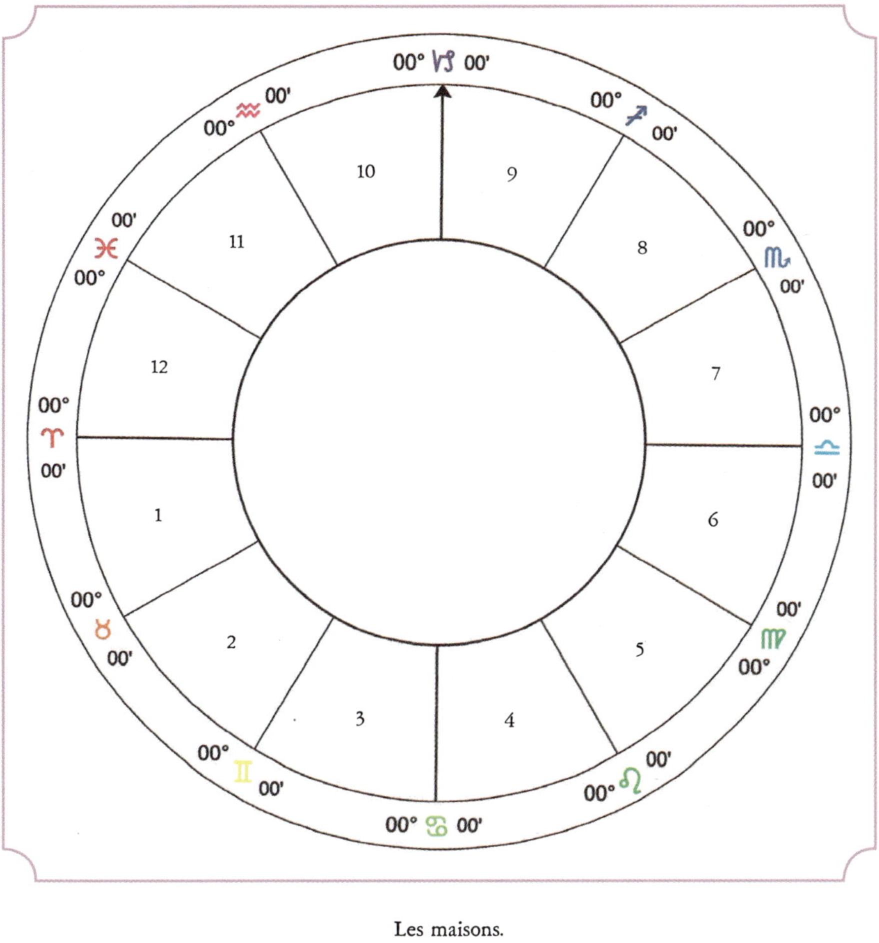

Les maisons.

Les aspects

Comme nous l'avons vu, le zodiaque est un cercle sur lequel les planètes sont disposées. Les aspects sont liés à l'angle que ces astres forment les uns par rapport aux autres, lorsqu'on les regarde depuis la Terre. Cette thématique étant relativement complexe lorsqu'on débute en astrologie, il est préférable de la mettre de côté pour le moment. Nous aurons l'occasion d'y revenir plus loin dans cet ouvrage.

L'astrologie prédictive

Le thème natal, ou thème astral, est une photographie instantanée du ciel au moment de la naissance. La Terre, le système solaire et tous les éléments sont en perpétuel mouvement. Or c'est en juxtaposant le mouvement des planètes et la carte natale que l'on est capable d'interpréter un événement à un moment donné, d'expliquer les événements du passé et de prédire ce qui se passera dans le futur. Cela peut paraître complexe, mais vous verrez que ça ne l'est pas tant que ça.

Voici donc posés les fondements de l'astrologie. On pourrait ajouter d'autres éléments que les astrologues étudient et interprètent, mais ces bases sont suffisantes pour faire vos premiers pas. Bon nombre d'astrologues se limitent même à ces bases pour interpréter le thème de leurs clients ou écrire la rubrique Astro des journaux et des magazines.

Dans le thème natal de Neil Diamond qui suit, vous verrez que les planètes sont disposées dans le cercle, quant aux maisons, elles sont placées dans le petit cercle proche du milieu. L'intérieur de la carte est occupé par des lignes qui représentent les aspects.

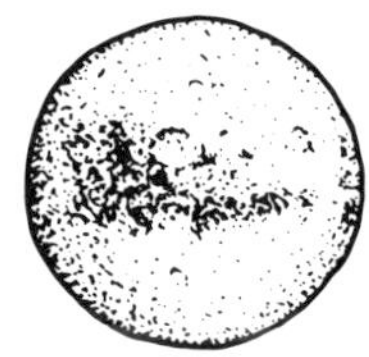

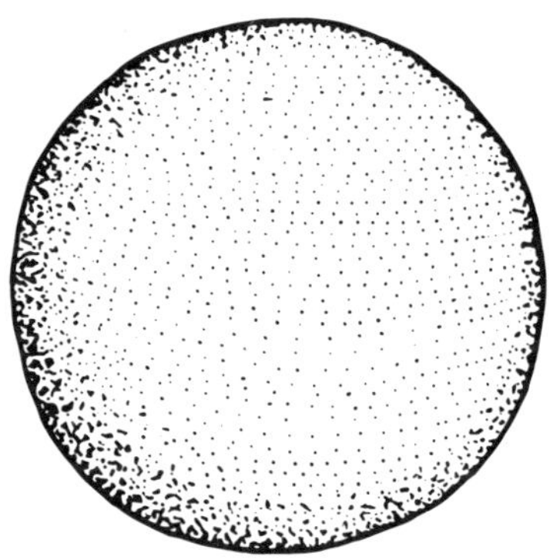

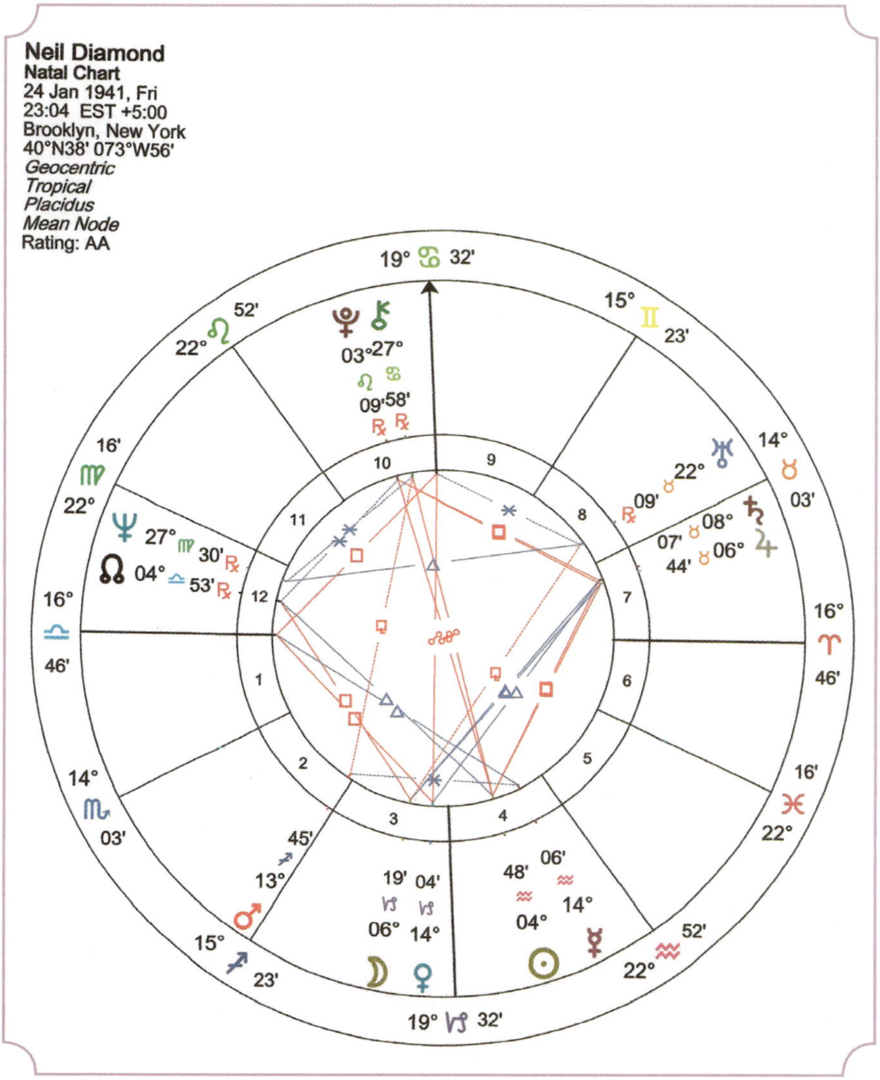
Neil Diamond
Natal Chart
24 Jan 1941, Fri
23:04 EST +5:00
Brooklyn, New York
40°N38' 073°W56'
Geocentric
Tropical
Placidus
Mean Node
Rating: AA

* * *

2

LES SIGNES DU ZODIAQUE

Les signes solaires

On compte douze signes dans le zodiaque, généralement baptisés *signes solaires.* Cette désignation tient au fait que, depuis notre position sur Terre, nous voyons le Soleil entrer dans ces signes à intervalles réguliers, chaque année. Par exemple, le Soleil est toujours en Capricorne au début de l'année, et se déplace vers le signe suivant, le Verseau, aux alentours du 20 janvier.

Le Soleil ne passe pas d'un signe à l'autre à la même date chaque année. Ainsi, si vous avez vu le jour entre deux signes, vous devrez faire appel à un astrologue ou à une application pour connaître votre signe solaire. Cette opération est simple et rapide, un astrologue vous la fera rarement payer.

Voici les dates moyennes des signes solaires :

Signe	Dates
Bélier ♈	21 mars–19 avril
Taureau ♉	20 avril–20 mai
Gémeaux ♊	21 mai–21 juin
Cancer ♋	22 juin–22 juillet
Lion ♌	23 juillet–22 août
Vierge ♍	23 août–22 septembre
Balance ♎	23 septembre–23 octobre
Scorpion ♏	24 octobre–22 novembre
Sagittaire ♐	23 novembre–22 décembre
Capricorne ♑	23 décembre–20 janvier
Verseau ♒	21 janvier–19 février
Poissons ♓	20 février–20 mars

La nature des signes

Il existe plusieurs manières d'organiser les signes, certaines sont plus efficaces que d'autres.

LES GENRES

Chaque signe se voit attribuer un genre, dont le concept est proche de celui du yin et du yang dans la médecine traditionnelle chinoise. Chaque signe est alternativement masculin ou féminin.

Signe	Bélier	Taureau	Gémeaux
Genre	♂	♀	♂
Signe	Cancer	Lion	Vierge
Genre	♀	♂	♀
Signe	Balance	Scorpion	Sagittaire
Genre	♂	♀	♂
Signe	Capricorne	Verseau	Poissons
Genre	♀	♂	♀

LÉGENDE	Masculin ♂ Féminin ♀

Le Verseau, un signe d'air

Compte tenu de la symbolique du Verseau, les débutants ont tendance à penser qu'il s'agit d'un signe d'eau. En réalité, c'est un signe d'air.

LES ÉLÉMENTS

Les éléments ont une influence bien plus forte que les genres, il est donc très important de les prendre en considération. Chaque signe du zodiaque appartient à l'un des quatre éléments : le feu, la terre, l'air et l'eau. Voici un aperçu de leurs caractéristiques :

- Les signes de feu sont rapides et efficaces.
- Les signes de terre font les choses plus lentement et plus posément.
- Les signes d'air aiment parler et analyser.
- Les signes d'eau agissent selon leurs sentiments à un moment déterminé.

Signe	Élément
Bélier ♈	Feu 🜂
Taureau ♉	Terre 🜃
Gémeaux ♊	Air 🜁
Cancer ♋	Eau 🜄
Lion ♌	Feu 🜂
Vierge ♍	Terre 🜃
Balance ♎	Air 🜁
Scorpion ♏	Eau 🜄
Sagittaire ♐	Feu 🜂
Capricorne ♑	Terre 🜃
Verseau ♒	Air 🜁
Poissons ♓	Eau 🜄

LES ÉLÉMENTS

FEU

Les signes de feu sont courageux et n'hésitent pas à plonger tête baissée dans tout ce que la vie leur offre. Ils ont du mal à comprendre pourquoi les autres signes n'ont pas systématiquement tendance à en faire autant lorsque l'opportunité se présente. Les signes de feu sont rapides, intelligents et généreux. Ils aiment profondément et passionnément. Ils sont plus sensibles que ce qu'ils nous donnent à voir et peuvent être blessés lorsqu'ils considèrent ne pas recevoir autant que ce qu'ils donnent.

TERRE

Les signes de terre sont pragmatiques, travailleurs et heureux de rendre service. On peut leur confier un travail ou une mission en toute tranquillité, même s'ils ont tendance à s'y mettre sans se brusquer. Ils sont sensuels et créatifs bien que l'expression de ces caractères varie en fonction du signe. Astucieux et prudents, ils ont besoin d'être rassurés sur les plans matériel et émotionnel. Ils sont très présents auprès de leur famille.

AIR

On peut toujours compter sur un signe d'air pour apporter la réponse à une situation. Ce n'est pas le cas, par contre, si on lui demande de faire quelque chose qu'il ne comprend pas. Les signes d'air sont d'excellents communicants. Ils s'épanouissent dans des domaines qui les invitent à tisser des liens avec les autres, à créer des connexions entre des groupes d'individus. Ils aiment généralement la technologie moderne. Ils sont actifs et souvent nerveux. Ils ont besoin de voyager, de pratiquer un sport ou un passe-temps pratique qui leur sert d'exutoire, comme le jardinage. Le signe d'air aime flirter ce qui ne l'empêche pas de s'épanouir dans le cadre de sa relation amoureuse.

EAU

Les signes d'eau sont des individus profonds, parfois très sensibles. Ceux qui vivent à leur côté découvriront leur dualité : d'un côté la joie et l'exaltation, de l'autre des passages marqués par la peur, une émotion intrinsèque au signe d'eau. Ce sont des personnes qui approchent les choses de manière indirecte, préférant mesurer une situation avant de s'y investir. Ils sont intuitifs et ressentent tout ce qui définit l'atmosphère qui les entoure. Les signes d'eau s'attachent profondément aux gens qu'ils aiment, en particulier à leurs enfants. La plupart d'entre eux aiment les animaux de compagnie.

LES QUALITÉS

Il existe trois qualités : cardinal, fixe et mutable. Elles sont déterminantes pour définir la personnalité d'un signe. Voici les grandes lignes de ces qualités :

- Un signe cardinal caractérise des personnes ambitieuses et peu influençables. Elles sont de celles qui impulsent l'énergie pour initier un projet, par exemple.
- Un signe fixe dénote un caractère stable, qui a du mal à changer de direction une fois qu'il est engagé.
- Un signe mutable s'adapte facilement au changement, fait preuve de réceptivité et d'ouverture. On le retrouve chez des personnes qui aiment voyager ou qui traitent des situations différentes chaque jour dans leur métier.

Signe	Qualité
Bélier ♈	Cardinal
Taureau ♉	Fixe
Gémeaux ♊	Mutable
Cancer ♋	Cardinal
Lion ♌	Fixe
Vierge ♍	Mutable
Balance ♎	Cardinal
Scorpion ♏	Fixe
Sagittaire ♐	Mutable
Capricorne ♑	Cardinal
Verseau ♒	Fixe
Poissons ♓	Mutable

Une combinaison unique

Comme le montre le tableau suivant, chaque signe dispose de sa propre combinaison de facteurs individuels. Il partage son genre avec cinq autres signes, son élément avec deux autres et sa qualité avec trois autres, mais sa combinaison est unique :

Signe	Genre	Élément	Qualité
Bélier ♈	♂	Feu △	Cardinal
Taureau ♉	♀	Terre ▽	Fixe
Gémeaux ♊	♂	Air △	Mutable
Cancer ♋	♀	Eau ▽	Cardinal
Lion ♌	♂	Feu △	Fixe
Vierge ♍	♀	Terre ▽	Mutable
Balance ♎	♂	Air △	Cardinal
Scorpion ♏	♀	Eau ▽	Fixe
Sagittaire ♐	♂	Feu △	Mutable
Capricorne ♑	♀	Terre ▽	Cardinal
Verseau ♒	♂	Air △	Fixe
Poissons ♓	♀	Eau ▽	Mutable

3

LES SIGNES SOLAIRES

Bélier

21 mars – 19 avril

Planète : Mars
Symbole : Le bélier
Genre : Masculin
Élément : Feu
Qualité : Cardinal

Le Bélier est le premier signe du zodiaque. Il est associé à la naissance de l'Empire romain et à celle du printemps. C'est un signe de feu masculin, ce qui signifie que le Bélier se déplace ou décide rapidement lorsque c'est son intention. C'est aussi un signe cardinal, ce qui le rend difficile à influencer ou à bousculer dans ses habitudes. Il a la capacité de donner naissance à ce qu'il souhaite mais ses plans peuvent parfois se retourner contre lui. Il est vif d'esprit et peut agir avec fugacité. Souvent intelligent, il n'a pas de temps à perdre avec ceux qui risquent de lui en faire perdre ou avec ceux qu'il considère plus lents que lui.

Le Bélier est courageux, ambitieux. Il n'hésite pas à prendre des risques pour atteindre ses objectifs. Son dynamisme peut en déconcerter plus d'un, bien que cette qualité s'exprime davantage dans le cadre professionnel que dans la vie privée. Il préfère les métiers qui ont du sens et qui sont utiles pour la société. On le retrouve souvent dans les grandes organisations, comme les écoles, les hôpitaux, l'armée ou l'univers de la justice. Dans la vie privée, le Bélier est généralement aimant et respectueux de sa famille. Dans la majorité des cas, il préfère la stabilité du couple, même s'il devra lutter contre une nature impulsive qui peut l'empêcher de rester avec un seul et même partenaire.

Le Bélier est casanier, sa maison est son repère. Il aime la décorer et l'entretenir. Dans ce registre, il aura tendance à imposer son point de vue à ses partenaires. Le Bélier apprécie la loyauté, il demande donc à ses relations de lui être fidèle. Il soutiendra son partenaire si celui-ci traverse un moment de doute. L'impatience et l'impétuosité appuyées par un tempérament bouillonnant constituent le revers de la médaille.

Dans le domaine des finances, le Bélier peut être naïf et dépensier. Il pourra avoir tendance à acheter plus que ce dont il a réellement besoin, sans avoir de soin particulier à l'égard de ce qu'il achète. Le Bélier aime les voitures de sport et ne regarde pas à la dépense lorsqu'il en est question. L'égoïsme et le manque de bon sens constituent les travers du signe. Il n'est pas toujours exigeant et s'impatiente rapidement sauf s'il s'agit d'un sujet qui l'intéresse.

Attributs communs du Bélier

En Europe, le Bélier a généralement les cheveux clairs ou roux.

Le courage, la force de caractère, l'intelligence, la loyauté et l'humour constituent les grandes qualités du Bélier. Il est sociable, généreux et a bon esprit. Son idéalisme le conduit souvent en politique ou à œuvrer pour la société. Il est bienveillant, généreux et attentionné. Il est idéaliste donc et se battra pour protéger les droits des autres. La politique locale ou nationale peut constituer son terrain de prédilection.

Le Bélier pourra se sacrifier si c'est pour le bonheur de ses enfants. Il considère l'éducation comme une clé de voûte du succès. Il n'est pas du genre à se plaindre ou à râler, se bonifie avec l'âge, parce qu'il est persévérant et n'oublie jamais son sens de l'humour au fil du temps qui passe. Il est fidèle en amour tant que ce sentiment est vif. S'il s'estompe, il aura tendance à regarder ailleurs. Le Bélier est souvent artiste, avec une prédilection pour les arts graphiques. Il peut aussi briller dans la mécanique ou l'ingénierie. On le retrouve souvent développeur de logiciel, domaine dans lequel il peut révéler ses talents d'innovateur.

Taureau

20 avril – 20 mai

Planète : Vénus
Symbole : Le taureau
Genre : Féminin
Élément : Terre
Qualité : Fixe

Le Taureau est un signe de terre féminin. Par nature, il est minutieux, sensible et capable. Il peut réaliser beaucoup de choses, à condition qu'on lui permette de le faire à son propre rythme. C'est un signe fixe. La combinaison de la terre et de la fixité en fait le signe le plus obstiné du zodiaque. Le Taureau est loyal, fiable, invariable et stable. Il a du mal à gérer les situations qui l'obligent à faire preuve d'adaptation. Le Taureau a le sens pratique, il est persévérant et solide.

Il aime l'argent et le confort, ce qui peut le rendre matérialiste. Il est fait pour les carrières pratiques qui présentent peu de surprises mais qui lui offrent un revenu confortable. Sa fibre artistique est très développée. Il peut l'exprimer dans son travail, ses hobbies ou n'importe quelle activité qui suscite son intérêt.

Le Taureau est sociable. Il se fait facilement des amis avec qui il adore sortir. Son sens de l'humour et son caractère affable en font l'invité idéal de n'importe quel événement. Il s'intéresse à de nombreux sujets et a tendance à approfondir les thématiques qui éveillent son intérêt.

Le Taureau craint la pauvreté. Son sens de la responsabilité est aigu. Il sera toujours à la recherche d'un emploi stable qui lui offre un revenu suffisant pour lui et sa famille. S'il peut être ambitieux, il peut surtout se satisfaire d'une position stable et confortable. Le Taureau peut dépenser sans trop compter lorsqu'il est question de voyages ou de hobbies. Dans les temps plus difficiles, il sait faire attention et ne dépense pas à tort et à travers. La vie de famille du Taureau est fondamentale. Il se montre généreux à l'égard de ses êtres chers. Le Taureau est généralement un membre de la famille sur lequel on peut compter.

Attributs communs du Taureau

Le Taureau est souvent beau et gracieux. Il n'est pas rare qu'il soit doué pour le chant et la danse.

Il se soucie toujours de ses proches, même si son obstination peut le conduire à être trop insistant. Il ne porte pas de jugement sur les défauts des autres et sait être de bon conseil.

Le Taureau a tendance à être obstiné lorsqu'un sujet l'intéresse. À l'excès, cette tendance peut le rendre fatigant pour son entourage. Mais son bon sens naturel lui évite souvent d'en arriver là.

Le Taureau a un sens aigu de la beauté, il sera souvent créatif ou artiste. Il est attiré par la mode, la décoration, le maquillage et la coiffure. Autant de sujets qui le conduisent au monde de la mode et du show-business. Ce signe est associé à la voix et à la musique. Le Taureau aime chanter et on le retrouve dans des chorales ou à jouer et à chanter dans des groupes, simplement pour le plaisir. On le retrouve aussi comme hypnothérapeute, une profession qui met en avant la voix comme outil de travail. Il est souvent doué en cuisine.

Le Taureau est courageux. Parmi ses qualités, on retrouve le bon sens, la loyauté, l'esprit de responsabilité et un contact agréable à l'égard des autres. Le Taureau est plus brillant que ce que l'on croit. On aura du mal à prendre le dessus sur lui dans la discussion, parce qu'il sait généralement de quoi il parle. Le Taureau est un véritable ami et un collègue fiable.

Gémeaux

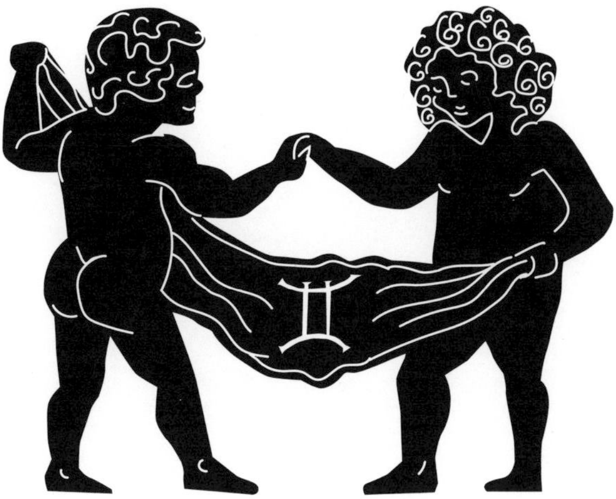

21 mai – 21 juin

Planète : Mercure
Symbole : Les jumeaux
Genre : Masculin
Élément : Air
Qualité : Mutable

Le Gémeaux est un signe d'air, à l'esprit vif et doué d'une belle intelligence. Sa connexion avec Mercure, le dieu Romain qui endossait le rôle de messager, lui offre des talents innés de communication. Le Gémeaux est sympathique et sociable. Son aspect mutable lui permet de s'adapter facilement au changement. Il peut être à l'aise avec les chiffres, ce qui le conduit vers des carrières dans la banque, la comptabilité ou les statistiques. Le Gémeaux se met vite au travail, il est doué pour la réflexion intellectuelle et l'organisation. C'est un signe davantage orienté vers le mental que vers les émotions, son esprit est rarement oisif. Il peut être difficile en négociation et montre de véritables compétences pour faire des affaires. Il doit apprendre à contrôler son impulsivité naturelle ainsi que sa tendance à intimider ceux qui ne sont pas en mesure de lui tenir tête.

On accuse souvent le Gémeaux de ne pas savoir s'accrocher longtemps à quelque chose et d'avoir une connaissance superficielle des sujets qu'il dit maîtriser. Mais ces jugements sont infondés, le Gémeaux fait en réalité preuve de détermination lorsqu'il est question d'un sujet qui l'intéresse. Il sait alors lui consacrer une étude approfondie. Il peut être un travailleur acharné qui ne compte ni sa peine ni ses heures. Il peut être d'un naturel inquiet et il n'est pas rare qu'il s'énerve pour des choses jugées sans intérêt par les autres. Il peut ressentir de l'insécurité dans sa carrière professionnelle ou sa vie privée même si tout semble bien se passer. Il aura donc tendance à avoir besoin d'être rassuré, sans que son entourage ne le sache vraiment. Il peut arriver que le Gémeaux soit privé d'amour, de sécurité ou d'attention, ou souffre de carences matérielles

Attributs communs du Gémeaux

Le Gémeaux est souvent bavard. Il accompagne ses mots avec des gestes.

durant l'enfance. Le Gémeaux consacrera son énergie à trouver un moyen pour gagner sa vie et la bonne personne à aimer. C'est un processus qui peut prendre du temps.

Le Gémeaux peut se montrer tranchant, parfois au point de faire voler en éclat une relation pourtant viable. Il peut être porté sur l'alcool. Il peut avoir tendance à la consommation excessive, surtout en matière de vêtements et d'accessoires. Comme il est d'un naturel à conserver ses affaires, les armoires du Gémeaux risquent vite de déborder.

Le Gémeaux fera ce qu'il faut pour que sa relation s'inscrive dans la durée. Cependant, si son couple échoue, il ne tardera pas à se mettre en quête d'une nouvelle relation. Le Gémeaux se mettra en quatre pour que sa famille ne manque de rien, que ses enfants reçoivent une bonne éducation et puissent prendre un bon départ dans la vie. Il lit et apprend toute sa vie et son champ de connaissance est étendu. Le Gémeaux est souvent talentueux. C'est un être au grand cœur qui n'hésite pas à aider son prochain. Sa faiblesse émotionnelle le conduit cependant à perdre rapidement patience avec les canards boiteux. Sa vie sociale est généralement riche. Il est toujours partant et on passe du bon temps avec lui. Le Gémeaux est un signe mutable, on le voit changer régulièrement de travail et passer de projet en projet.

Cancer

22 juin – 22 juillet

Planète : La Lune
Symbole : Le crabe
Genre : Féminin
Élément : Eau
Qualité : Cardinal

Le Cancer est régi par la Lune, ce qui en fait un signe sensible et émotif. C'est un signe d'eau féminin, il est donc très intuitif, d'une nature attentionnée et exprime le besoin d'aider les autres et de protéger sa famille. Le fait qu'il s'agisse d'un signe cardinal constitue le revers de la médaille. Le Cancer est difficilement influençable. Il est aussi beaucoup plus dur que ce que l'on pourrait croire.

Le Cancer est timide lorsqu'il est jeune. S'il parvient à régler ce problème en vieillissant, il évitera tout de même d'être sous les feux de la rampe. Le Cancer a la réputation d'être casanier, mais cela ne l'empêche pas d'avoir l'âme voyageuse. On le retrouve souvent dans des postes qui réclament une certaine mobilité et qui conduisent à rencontrer de nombreuses personnes au cours d'une même journée.

Le Cancer tend à s'émanciper rapidement. Il peut être amené à assumer des responsabilités dès le plus jeune âge, surtout lorsqu'il est l'aîné d'une famille nombreuse. Il continuera alors à prendre une attitude responsable à l'égard de ses proches même si ces derniers ont atteint l'âge adule. La famille est un pilier du Cancer. La relation qu'il entretient avec sa mère est généralement très intense, au point d'en rester très proche ou de se brouiller avec elle. Dans la plupart des cas, le Cancer prend soin de ses enfants et de ses proches. Il cuisine bien et arrange la maison pour qu'elle soit un nid douillet. Le Cancer est astucieux et se débrouille bien dans le monde des affaires.

C'est un signe au contact facile avec le public. On le retrouve souvent dans des carrières qui le confrontent avec des gens, un magasin par exemple, ou un restaurant. Le Cancer travaille fréquemment dans la vente, surtout lorsqu'elle est liée à l'habitat. On le trouve aussi dans le monde des finances, de l'immobilier, ou de l'assurance. Il aime aider les autres à acheter ou assurer leur maison.

Il n'est pas rare de rencontrer des Cancer dans le monde de l'enseignement ou dans des professions liées à la santé. C'est un signe qui aime l'histoire. Sa mémoire est excellente. Il fait preuve d'une vraie qualité d'écoute et d'un talent indubitable pour désamorcer les conflits. C'est un conseiller né. S'il peut supporter le bruit, le chaos et les disputes dans le cadre professionnel, à la maison il a besoin de calme et de tranquillité. Lorsqu'il est face à des difficultés, le Cancer peut se renfermer sur lui-même, ne facilitant pas le travail de ceux qui l'entourent à l'heure de lui venir en aide. Il peut être d'un naturel inquiet à l'égard de sa famille et parfois de l'argent. S'il donne une impression de douceur, le Cancer n'est pas du genre à se laisser influencer. Il peut être paresseux et attendre des autres qu'ils s'occupent de lui.

Un Cancer ne restera pas avec un partenaire qui le traite mal. Il essaiera malgré tout de rester en contact avec les membres de sa famille, même après une séparation, tant que cela se fait dans le respect. L'un des revers du Cancer est d'avoir tendance à blesser ceux qu'il perçoit comme faible. Il n'est pas rare qu'il ait un comportement dur à l'égard de ses gendres et brus. Et puis, il arrive que le Cancer se comporte curieusement face à l'argent. Fort heureusement, c'est un signe qui fait souvent preuve de bon sens. Il sait être raisonnable à l'égard des autres et des questions financières. Cependant, sa nature versatile et sa tendance à prendre des décisions du point de vue émotionnel peuvent lui jouer des tours.

Attributs communs du Cancer

Le Cancer a souvent l'air doux et peut être relativement lent à la détente.

Lion

23 juillet – 22 août

Planète : Le Soleil
Symbole : Le Lion
Genre : Masculin
Élément : Feu
Qualité : Fixe

Le Lion est un signe de feu masculin. Il sait mettre les moyens pour obtenir ce qu'il souhaite. Le Lion a un esprit logique et organisé. En tant que signe fixe, il ne change pas facilement de direction et fait tout ce qui est en son pouvoir pour maintenir le *statu quo.*

Le Lion est doué par nature, à tel point qu'il peut être agacé par ceux qui n'ont pas la même efficacité. Il ne comprend pas que l'on puisse laisser passer des opportunités. Ce sont parfois les premières difficultés de la vie qui rendent le Lion ambitieux et autonome. Il est attiré par les professions prestigieuses, notamment dans l'industrie aéronautique ou le spectacle, la banque, l'édition, ou le tourisme. On le retrouve fréquemment dans les branches commerciales ou administratives de ces domaines. Il n'est pas rare de le voir à la tête de sa propre entreprise, il est en effet du genre à gérer sa barque. Le Lion aime la musique et souvent, il joue d'un instrument, il chante ou il danse. Il est fréquent de le voir sur les planches, sous les projecteurs. S'exprimer en public ne l'effraie pas le moins du monde. Il est à l'aise avec les technologies de communication.

Le Lion n'est pas toujours glamour ou charismatique, il ne rencontre pas non plus le succès systématiquement. Il dépense alors une énergie considérable pour que ses enfants aillent aussi loin que possible dans la vie. Le Lion a tendance à se marier et à fonder une famille lorsqu'il est jeune. Ses enfants occuperont alors rapidement le centre de son univers. Le Lion est un personnage affectueux doué en amour et brillant lorsqu'il devient parent. L'honnêteté, la décence, la loyauté et la générosité définissent le Lion qui peut aussi être arrogant et déplaisant. Il est souvent animé par de bonnes valeurs morales.

Attributs communs du Lion

Le Lion est souvent un bon danseur. Il prend soin de sa coiffure, surtout chez les hommes.

Le Lion peut se donner des airs grandioses, il peut être chargé de grandes responsabilités et demander à être traité avec le plus grand des respects. Mais c'est avant tout un individu qui aime par-dessus tout offrir et recevoir de l'affection. Dans des circonstances normales, il est chaleureux, généreux, sociable et populaire. Il lui arrive aussi d'être lunatique et irritable lorsqu'il se sent sous pression ou qu'il n'est pas en forme. Le Lion se jette corps et âme dans tout ce qu'il entreprend. Il peut travailler comme un titan mais peut aussi plier sous le poids de la fatigue lorsqu'elle lui tombe dessus. Le Lion a régulièrement besoin de vacances pour recharger ses batteries. Il donne l'image de quelqu'un qui est sûr de lui et à qui tout réussit. Mais cette confiance peut rapidement s'effacer. Le Lion est d'une grande sensibilité, il est susceptible et ne supporte pas qu'on se moque de lui. S'il est d'un naturel casanier et plutôt doué en cuisine, il aime aussi sortir et partager un dîner entre amis, accompagné d'un bon verre de vin.

Il peut avoir des dépenses luxueuses bien au-dessus de ses moyens. Il aime occuper une place importante dans la société et apprécie le style de vie conféré par le succès. Le Lion est fier et place toujours la barre très haut dans tout ce qu'il fait. Il est souvent honnête et intègre. Mais le Lion peut être snob et méprisant. L'arrogance qui le caractérise peut même devenir insupportable.

En amour, le Lion est loyal et se mettra en quatre pour son partenaire. La nature fixe de ce signe favorise les relations au long cours, mais il ira voir ailleurs si son ou sa partenaire ne l'aime pas d'un amour sincère et véritable. Le Lion peut être très rancunier.

Vierge

23 août – 22 septembre

Planète : Mercure
Symbole : La jeune fille
Genre : Féminin
Élément : Terre
Qualité : Mutable

La Vierge est parmi les signes les plus travailleurs du zodiaque. Elle aime les tâches minutieuses et ne supporte pas qu'on lui mette la pression. On la retrouve dans le secteur de la santé, qu'il s'agisse de médecine classique ou de médecine alternative.

Enfant, la Vierge peut rencontrer des difficultés avec l'autorité, avec ses parents ou ses professeurs qui pourront être inutilement sévères ou critiques à son égard. Il est possible que l'enfant Vierge soit entré dans la vie de ses parents à un moment difficile, ou que le fait d'avoir un enfant ait changé leur style de vie au point de créer des tensions dans le foyer. La frustration qui en résulte peut se répercuter sur l'enfant. Une enfance pas franchement heureuse peut conduire la Vierge à quitter ses parents plus tôt que prévu, en s'installant avec son partenaire ou en se mariant. Lorsque cela arrive, la Vierge s'engage alors pour que sa relation fonctionne. Elle peut cependant échouer parce que le couple est trop jeune, parce qu'il rencontre des difficultés économiques ou qu'il manque tout simplement d'expérience.

La Vierge peut chercher d'autres moyens de commencer très tôt sa vie d'adulte, en s'engageant dans l'armée, en faisant du bénévolat à l'étranger, ou en montant sur les planches, par exemple. Ce n'est d'ailleurs pas une mauvaise idée, il suffit en effet de constater le nombre de Vierge dans le monde du spectacle, pour s'en convaincre. La Vierge qui a fait des études, mène souvent une carrière dans le monde de la communication, de l'édition et des médias. Il arrive que ce signe ait du talent pour chanter. Le plus souvent elle est mélomane. En tant que signe de terre, son pan émotionnel est très puissant, ce qui lui permet de s'évader en écoutant de la musique ou en lisant un livre.

Attributs communs de la Vierge

La Vierge est souvent fine et belle, une beauté qu'elle garde plus longtemps que les autres signes.

La Vierge prend ses responsabilités au sérieux. Lorsqu'elle s'engage dans une relation, sa famille peut compter sur elle pour la soutenir. Il arrive parfois que la Vierge s'engage si fortement dans son travail qu'elle en oublie son partenaire et ses enfants. Si elle se retrouve avec un partenaire difficile, exigeant, arriviste ou usant, elle préférera le quitter plutôt que de vivre une relation tumultueuse. Elle aime les petits animaux, et il n'est pas rare qu'elle ait un chat, un chien ou encore un lapin. Elle est incapable de les abandonner.

L'esprit de la Vierge est plutôt académique, ce qui ne l'empêche pas de s'amuser, de profiter des vacances et de prendre du temps libre pour faire des choses qui l'intéressent. Son sens de l'humour et sa fiabilité, ainsi que son bon cœur, font de la Vierge un partenaire merveilleux dans la relation amicale. Sa capacité d'écoute et son empathie en fait un conseiller de premier plan. Malgré son bon fonctionnement intellectuel, la Vierge perd ses moyens lorsqu'on lui met la pression. Les signes de terre sont toujours plus à l'aise lorsqu'on leur laisse le temps de réfléchir et de faire les choses à leur rythme. Dans la précipitation, ils font souvent des erreurs d'appréciation.

La Vierge peut être d'un naturel inquiet, ce qui la rend difficile à supporter lorsque cette tendance est poussée à l'extrême. La Vierge est perfectionniste et peut être critique à l'égard des autres ou d'elle-même. Bien qu'ambitieuse, lorsqu'elle est face à un succès potentiel, il lui arrive de gâcher ses chances d'y arriver.

Balance

23 septembre – 23 octobre

Planète : Vénus
Symbole : La balance
Genre : Masculin
Élément : Air
Qualité : Cardinal

D'un point de vue technique, la Balance est un signe déroutant. D'une part, c'est le seul signe représenté par un symbole inanimé et d'autre part, c'est un signe masculin qui est gouverné par Vénus, une planète hautement féminine. Elle appartient à l'élément air, ce qui la rend froide et détachée, logique plutôt que portée sur les émotions. Ces caractéristiques sont modérées par la qualité cardinale du signe. Avec cet étrange mélange de passivité/agressivité, doit-on vraiment s'étonner de constater que la Balance est terriblement indécise ?

La Balance est un signe qui maîtrise le tact et la diplomatie. Elle est amicale avec tous ceux qui s'approchent d'elle. Son air détaché et introspectif rend pourtant difficile sa lecture. Certaines Balance passent leur vie à chercher le partenaire idéal. D'autres sont tellement indépendantes qu'après avoir essayé quelques relations, elles décident de rester seules et de faire les choses à leur manière. La Balance aime flirter, ce qui est plutôt flatteur et agréable tant que personne ne se prend trop au sérieux.

La personnalité de la Balance est douce et plaisante. Elle peut exercer une profession dans laquelle la forme compte tout autant que le fond. Elle fera un dentiste, un avocat ou un comptable sympathique qui verra le nombre de ses clients augmenter, tant pour son altruisme que pour ses compétences. Elle aime réunir les gens et régler les problèmes dans la douceur. On la retrouve donc dans des professions d'arbitrage, et de négociation. Elle est fine d'esprit et douée de ses mains. On la verra souvent styliste, ingénieur ou encore dans un métier de l'industrie cosmétique. Elle est aussi très présente dans le monde de la musique et dans celui de la danse. Le droit est également un univers de prédilection pour la Balance. Son désir permanent de trouver un accord entre les gens et sa haine de l'injustice en font un juriste de premier plan.

Attributs communs de la Balance

La Balance a souvent la tête qui penche légèrement d'un côté et une épaule plus haute que l'autre lorsqu'elle est debout.

Ce qui est sûr c'est que la Balance cherchera toujours une profession qui permet de bien gagner sa vie. Elle aspire en effet à un niveau de vie élevé. Elle est généreuse à l'égard des personnes qu'elle aime, elle s'assurera que son partenaire ne manque de rien, ce qui ne l'empêchera pas de souhaiter son indépendance financière. La Balance aime les tâches ménagères et il n'est pas rare qu'elle soit douée en cuisine ou qu'elle cultive ses fruits et légumes.

C'est un signe cardinal. La Balance a une forme de rigidité liée au fait qu'elle observe les règles et se réfère à un monde de codes et de conventions. Elle cherche les compromis et les accords dans ce cadre et peut être intransigeante avec les pulsions qui n'entrent pas dans le périmètre. Puisque la Balance n'aime pas spécialement se retrouver face à elle-même, elle cherche à avoir des partenaires, des amis et des collègues. Elle n'aura pas de mal à créer un tissu de relations, parmi lesquelles peu seront véritablement proches d'elle. La Balance peut être d'une compagnie délicieuse, mais lorsqu'elle est de mauvaise humeur, elle peut être profondément déplaisante et n'hésitera pas à dire ce qu'elle ressent ou à blesser pour le plaisir. La Balance est réellement un signe tout à fait déroutant, partagé entre ce qu'elle a de bon et ce qu'elle a de moins bon.

Scorpion

24 octobre – 22 novembre

Planète : Pluton
Symbole : Le Scorpion
Genre : Féminin
Élément : Eau
Qualité : Fixe

Voici un autre signe très déroutant. C'est un signe d'eau féminin que l'on pourrait penser doux et faible alors que le Scorpion n'est pas loin du contraire. Le fait qu'il s'agisse d'un signe d'eau implique que le Scorpion prend ses décisions selon son ressenti. Avec lui, ce qui est valable un jour, ne l'est pas nécessairement le lendemain. C'est un signe d'une extrême sensibilité, qui a tendance à être facilement heurté ou blessé. Le Scorpion se donne beaucoup de mal pour dissimuler ses faiblesses et sa vulnérabilité, afin d'éviter que les autres n'en profitent.

C'est un signe passionné, de type « tout ou rien », qui peut pousser les situations à l'extrême. Par exemple, le Scorpion peut être abstinent *ou* très porté sur l'alcool ; il peut être très économe *ou* dépensier frénétique ; il peut être généreux par certains aspects et égoïste par d'autres. C'est un signe qui saura se montrer gentil et serviable ou tout son contraire. Tout dépend de son humeur. Personne n'est plus charmant et hospitalier quand le Scorpion veut de la compagnie. Mais si ce n'est pas le cas, il saura l'exprimer sans équivoque possible.

Le Scorpion est très persuasif, ce qui en fait un excellent vendeur ou un très bon conseiller. À l'extrême, il peut être manipulateur ou jouer la carte de l'intimidation. On le retrouve dans les métiers de la santé, en tant que médecin ou guérisseur. Le Scorpion est très intuitif, il lit les gens mieux que personne. Il fera un excellent psychologue, un thérapeute intuitif. Certains trouvent leur voie dans les forces armées. Le Scorpion prend son travail très au sérieux et travaille souvent très dur pour obtenir le respect et l'approbation des autres. Du fait de son manque de confiance en lui, le Scorpion aime détenir le pouvoir dans l'ombre du trône. On trouve beaucoup de Scorpion dans la finance, souvent à des postes de conseiller en crédit, en assurance, en placements, etc. On le retrouvera également dans le droit spécialisé dans les testaments et les fonds fiduciaires.

Attributs communs du Scorpion

De nombreux Scorpion ont un regard franc, direct et presque magnétique.

La voix du Scorpion est l'une de ses principales qualités. Souvent d'une tessiture qui tend vers les basses, agréablement modulée et travaillée, le Scorpion s'en sert pour convaincre. Contrairement à ce que de nombreux livres d'astrologie racontent, le Scorpion n'est pas exagérément porté sur le sexe, pas plus qu'il n'est insupportable. C'est un signe sous la lumière de la passion qui aime qu'on le trouve attirant. Le Scorpion aime choquer et s'amusera à taquiner, mais c'est surtout un ami fidèle et un hôte de premier choix.

Certains Scorpion aiment les animaux et s'en occupent mieux que personne. D'autres auront une formidable fibre avec les enfants. La plupart aiment la vie de famille surtout lorsqu'elle est animée par les enfants et les petits-enfants.

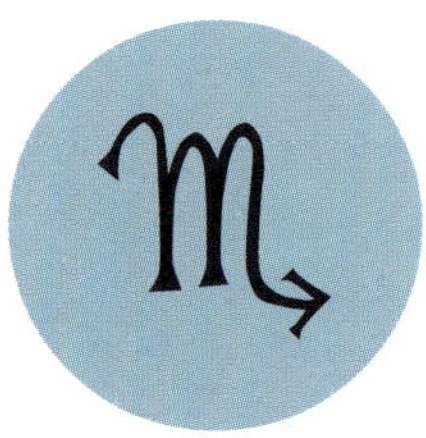

Sagittaire

23 novembre – 22 décembre

Planète : Jupiter
Symbole : L'archer ou le centaure
Genre : Masculin
Élément : Feu
Qualité : Mutable

Le Sagittaire est un signe de feu masculin qui a tendance à penser et réagir rapidement. Il peut avoir une bonne vision d'ensemble d'une situation mais exprimer des difficultés à envisager les détails. C'est un signe mutable, il est donc enclin à s'adapter et à se fondre facilement à un nouvel environnement. Le Sagittaire pourra être amené à changer de région, voire de pays plusieurs fois dans sa vie.

Le Sagittaire peut avoir deux natures bien distinctes. Il peut être discret, timide, témoignant un certain manque de confiance en lui et heureux uniquement lorsqu'il est avec sa famille ou ses amis proches. Mais il peut aussi être plus extraverti que n'importe quel autre signe du zodiaque. Le Sagittaire est travailleur. Il peut avoir du succès dans sa carrière, mais son manque de confiance en lui ou bien des décisions hasardeuses peuvent le faire chuter ou l'empêcher d'exploiter tout son potentiel. Le Sagittaire est un signe de chance, il retombera sur ses pieds après chaque épreuve. Il peut être attiré par l'astrologie et les activités spirituelles. Son mode de pensée est souvent philosophique, mais il aura tendance à s'éloigner de la religion de ses parents ou des personnes qui l'ont éduqué. Il peut donner l'impression d'être superficiel alors qu'il n'en est rien. Le Sagittaire est un penseur du genre studieux.

Le Sagittaire est actif, il a du mal à rester en place trop longtemps. Il aime le mouvement et ne supporte pas d'être attaché à un endroit en particulier, surtout dans le cadre de son travail. Le Sagittaire aura tendance à choisir un métier qui lui permet d'être en contact avec de nombreuses personnes. Cela peut être une profession qui le conduit à se déplacer, ou bien un passe-temps qui l'encourage à sortir et rencontrer du monde. Contrairement à ce qu'il donne à voir, le Sagittaire, comme tous les signes de feu, se fatigue facilement et a besoin d'un temps de repos pour recharger ses batteries.

Le Sagittaire peut être prêtre, enseignant, commerçant, électricien, menuisier, agent de voyages, chauffeur de bus ou de taxi, tailleur, etc. Il est à l'aise dans les métiers en contact avec le public. Vétérinaire, dresseur de faucons ou encore instructeur dans l'armée de l'air sont des professions qui peuvent aussi lui plaire. On le retrouve astrologue, voyant, cartomancien ou chiromancien. Le Sagittaire est habile de ses mains. Il aime construire et rénover. Il aime être à l'extérieur, voyager et explorer les environs. Quand il est jeune, le Sagittaire apprécie les vacances actives dans des lieux divertissants. La plupart aiment également s'occuper des animaux de compagnie.

En amour, le Sagittaire ne supporte ni le harcèlement, ni la privation de liberté. Il a l'injustice en horreur. Son sens de l'honnêteté peut le rendre maladroit et est susceptible de heurter, mais ce n'est jamais intentionnel. L'enfant qui est en lui est bien vivant, ce qui en fait un partenaire de jeu idéal. Si l'enfance du Sagittaire n'a pas été heureuse, il peut être un adulte triste et solitaire. Dans cette situation, l'importance de son partenaire sera déterminante.

Attributs communs du Sagittaire

La plupart des Sagittaire ont un joli sourire.

Capricorne

23 décembre – 20 janvier

Planète : Saturne
Symbole : La chèvre
Genre : Féminin
Élément : Terre
Qualité : Cardinal

Le Capricorne est un signe de terre féminin caractérisé par un sens commun et pratique prononcé. Il prête beaucoup d'attention aux détails. C'est aussi un signe cardinal, ce qui en fait une personne que l'on ne doit pas bousculer ou obliger à faire ce qu'elle n'a pas l'intention de faire. Le Capricorne ne se précipite pas. Il a tendance à obtenir ce qu'il souhaite sur le long terme. Lorsqu'il jette son dévolu sur une personne, il pourra l'attendre une vie entière si c'est le temps nécessaire pour l'obtenir. Il choisit souvent un partenaire plus âgé, parfois même beaucoup plus âgé.

D'une manière ou d'une autre, tous les Capricorne sont ambitieux, pour eux ou pour leurs enfants. Ils veulent la meilleure éducation pour leur progéniture. En étant pratique, sensible, réaliste et responsable, le Capricorne prend la vie très au sérieux, ce qui ne l'empêche pas d'avoir un sens de l'humour prononcé. Certains Capricorne aspirent à rester célibataires, notamment parce qu'ils peuvent être timides ou maladroits avec les choses de l'amour. Mais aussi parce qu'ils auront tendance à rester longtemps avec leurs parents pour s'occuper d'eux. Lorsqu'il s'engage dans une relation, le Capricorne prend la chose très au sérieux et fera tout pour qu'elle fonctionne.

Le Capricorne peut être capricieux et du genre à s'inquiéter pour un rien. Il peut être exagérément susceptible et passablement insupportable avec son attitude irritable. L'ambition du Capricorne peut parfois l'entraîner vers des activités douteuses, même si en général, il est du genre à suivre le droit chemin. Ses choix de carrière peuvent le conduire n'importe où et toutes les professions l'attirent, avec une préférence pour la comptabilité et le monde de la banque. Il n'est pas rare qu'il aspire à posséder son lopin de terre. L'agriculture et l'immobilier peuvent être des terrains d'intérêt pour lui. L'astrologie traditionnelle associe ce signe à toutes les formes de sciences.

Attributs communs du Capricorne

De nombreux Capricorne sont secs et beaux, avec une belle chevelure.

Le fait d'être installé entre les deux signes les moins conventionnels du zodiaque (Sagittaire et Verseau) peut légèrement déteindre sur le Capricorne. Il pourra avoir des intérêts et des talents plutôt rares. Il peut être astrologue, chiromancien ou voyant. Le Capricorne est généralement bon danseur. Certains sont experts en antiquités ou collectionneurs de timbres, très bons cuisiniers ou champions de sports peu communs.

Le Capricorne est patient, réaliste et responsable. Il prend la vie au sérieux, il a donc besoin d'une sécurité qu'il n'obtient pas toujours. Il peut passer beaucoup de temps à travailler, simplement pour payer ses factures, mais son ambition et son désir de statut le conduisent d'une manière ou d'une autre à gravir les échelons vers le succès. Lorsqu'il est entrepreneur, le Capricorne a besoin d'un partenaire qui s'occupera des ventes et du marketing. Il peut être pinailleur, ce qui en agace plus d'un. Il peut aussi avoir tendance à savoir tout, mieux que tout le monde. Le Capricorne est fidèle et fiable. Il n'est pas du genre que l'on sème facilement, et se remettra péniblement des relations brisées.

Verseau

21 janvier – 19 février

Planète : Uranus
Symbole : Le porteur d'eau
Genre : Masculin
Élément : Air
Qualité : Fixe

Le Verseau est un signe fixe d'air masculin. On pense souvent à tort qu'il s'agit d'un signe d'eau du fait de son symbole, mais c'est bien un signe d'air. Les signes d'air sont souvent plus à l'aise dans le monde des idées que dans celui des émotions. De fait, le Verseau n'est jamais à court d'idées bien qu'il puisse éprouver des difficultés à les mettre en pratique. Il peut passer beaucoup de temps à réfléchir ou à parler de ses idées plutôt que de les réaliser. Inventif, intelligent et souvent ingénieux, le Verseau trouvera plus souvent la solution aux problèmes qu'il rencontre que les autres signes du zodiaque. Il paraît avoir confiance en lui, mais ce n'est parfois qu'une impression. Timide, il s'ouvrira difficilement aux autres de ce manque de confiance.

Les personnes sous ce signe qui incarne la gentillesse et l'humanité travaillent souvent pour le bien des autres. Elles peuvent s'engager dans des causes humanitaires et prendre cette mission tellement à cœur au point d'en négliger leur propre famille. Le Verseau est tête en l'air et souvent en retard, parce qu'il a tendance à tout faire au dernier moment.

Le Verseau aime l'enseignement et fait preuve de la patience nécessaire pour apprendre. Il parle doucement, s'exprime clairement et dispose toujours ses idées dans un ordre logique. On le retrouve souvent dans des professions caractérisées par l'altruisme. Il est généralement attiré par l'informatique. S'il trouve un métier porté sur la technologie et dont le côté humain est prégnant, le Verseau sera là où il doit être. Il a besoin d'une famille mais il aspire aussi à l'indépendance. Un partenaire étouffant ou un enfant très en demande auront tendance à l'asphyxier. Il arrive que le rôle de parent ne l'attire pas et de le voir préférer la compagnie des animaux à celle des enfants, voire des adultes. Le Verseau sera heureux si son partenaire comprend son besoin d'espace ou celui de s'éloigner parfois de son travail, de sa routine et de son foyer. Intelligent, amical, aimable et humain, le Verseau est facile en amitié, même s'il a tendance à ne pas se mettre à nu aisément. Consciencieux, il ne laisse pas sa famille dans le besoin mais pourra être aveugle, parfois même délibérément, aux besoins sous-jacents et aux sentiments de ses enfants ou de ses proches. Il sera plus à l'aise avec des causes et des idéaux qu'avec la routine quotidienne. Dans certains cas, le désordre qui règne chez lui peut refléter ce manque d'intérêt.

Attributs communs du Verseau

Le Verseau peut être grand et sec ou petit et rondouillard. Il est sympathique et facile d'approche.

Le Verseau peut faire preuve d'une grande originalité dans sa manière de s'habiller ou de vivre, s'attachant à montrer qu'il est différent des autres. Il peut être passionné d'astrologie, de numérologie, d'égyptologie. Il peut aussi offrir une apparence plus conventionnelle, sachant que ses centres d'intérêt ne le sont pas. Son esprit agité et sceptique le conduit à rechercher un mode de vie alternatif. Le Verseau cache une personnalité sous tension par une apparence calme et tranquille. Ses émotions refoulées peuvent parfois exploser et conduire à un comportement irrationnel. Cela étant, le Verseau est extrêmement loyal et fidèle lorsqu'il a trouvé le bon partenaire.

Poissons

20 février – 20 mars

Planète : Neptune
Symbole : Les poissons
Genre : Féminin
Élément : Eau
Qualité : Mutable

Il s'agit d'un signe d'eau féminin. L'intuition, les sentiments et les émotions sont au cœur de ses décisions et de ses actions. Le fait qu'il soit mutable conduit le Poissons à s'adapter mieux que quiconque aux changements de circonstances. C'est une vraie qualité pour le Poissons dont la vie aura fréquemment une tendance chaotique, même s'il ne s'agit que d'un secteur de son existence. Le Poissons pourra par exemple avoir une vie professionnelle pleinement satisfaisante mais une vie familiale très compliquée.

Les premières années du Poissons sont souvent difficiles, avec des parents qui auront tendance à le délaisser. Il quittera prématurément le foyer parental pour commencer sa vie d'adulte en s'investissant dans une relation amoureuse par exemple (souvent avec un autre Poissons). La relation ne dure pas longtemps mais laisse place à une belle amitié avec son ex, dont il pourra s'occuper si besoin est. La plupart des Poissons sont attachés à leur famille et sont de bons parents et de bons grands-parents. Les proches du Poissons peuvent même abuser de leur bonté. Il ne se fait pas prier pour aider les autres, se chargeant même de responsabilités qui ne sont pas les siennes. Le Poissons ne supporte pas de voir les autres souffrir et s'empressera de leur venir en aide. Attention tout de même à ce que cette assistance ne leur soit pas préjudiciable.

Le Poissons peut avoir beaucoup de succès dans les affaires, notamment lorsqu'il travaille dans le commerce ou le marketing. Il comprend facilement les besoins des gens et sa nature agréable, qui n'est pas dans le jugement, lui permet de faire passer ses idées d'une manière enviée par beaucoup. Il gagne de l'argent en s'assurant que sa société propose les bons produits ou les bons services à ses clients. Le Poissons a toujours beaucoup de contacts, qui s'avéreront utiles lorsqu'il souhaitera élargir son horizon.

Attributs communs du Poissons

Le Poissons est souvent amical et facile d'accès. Il a généralement un beau sourire.

Le Poissons est créatif, ce qui le conduit à l'écriture, la musique, les arts ou le monde de la mode. Il adore réparer les objets usagés. Avec des valeurs plus spirituelles que matérielles, le Poissons est rarement fortuné, mais il fait en sorte de ne manquer de rien. Il n'est pas rare qu'il se sente en insécurité et la plupart connaissent la pauvreté à un moment donné de leur vie. Le Poissons est extrêmement intuitif et on le retrouve souvent dans la spiritualité, la clairvoyance, l'astrologie, le tarot, etc.

Le Poissons est du genre voyageur. Il peut avoir plusieurs lieux de vie en même temps, aimer la vie en camping-car ou vivre en mobile-home. Il aime la mer et possède souvent un bateau. Le Poissons peut être têtu, maladroit et plutôt méchant lorsque les choses tournent mal, mais il est rarement vindicatif. Il préfère aider plutôt que blesser les autres. Il aime généralement les animaux. Il a souvent un animal de compagnie et travaillera volontiers à leur profit.

Sa tendance à trop boire est un aspect négatif du signe, surtout lorsqu'il est en société ou que la vie est difficile avec lui. Il arrive qu'il en tombe malade. Sa capacité à suivre le courant lui est salvatrice, de même que sa tendance naturelle à voir le côté humoristique des choses, même lorsque les temps sont durs. Le Poissons est une compagnie agréable et un bon ami, même s'il a tendance à sortir rapidement de la vie des gens lorsqu'il en ressent le besoin.

4

L'ASCENDANT

L'ascendant est défini par le point de l'écliptique situé à l'endroit où le Soleil se lève sur l'horizon oriental. Il est caractérisé par le signe dans lequel il se trouve. C'est de l'ascendant que partent les douze maisons astrologiques.

L'ascendant peut être plus prégnant que le signe solaire chez un individu. Ainsi, si quelqu'un vous demande de deviner son « signe astrologique » et que vous vous trompez, c'est peut-être parce que vous avez davantage identifié son ascendant que son signe solaire. L'ascendant peut influencer l'apparence d'une personne, sa manière d'être et son comportement. Il nous en dit beaucoup sur l'enfance et la jeunesse d'un individu et sur les enseignements qu'il a reçus à cette époque. Si notre nature est définie par notre signe solaire, notre signe lunaire et par les planètes, l'éducation peut avoir un impact parfois important sur notre ascendant.

Ascendant Bélier

Sa voix est calme, sa manière d'être discrète, à condition de ne pas l'irriter, sans quoi il peut sortir les griffes. Son abord n'est pas particulièrement amical, marquant même une certaine réserve. Ses parents ont dû déménager lorsqu'il était jeune, au point qu'il a dû se forger une carapace doublée d'une attitude agressive pour se protéger des autres. Le problème est qu'il peut s'en prendre aux autres sans réfléchir aux conséquences, en attaquant à tort par exemple, ceux qui n'avaient aucune intention de lui faire de mal. Il cherche à obtenir ce qu'il veut sans tenir compte des conditions et des implications de sa quête. L'un de ses parents, et parfois les deux, peut avoir manqué à son devoir envers lui, ce qui peut le conduire à des confrontations à l'adolescence. Il peut d'ailleurs quitter prématurément le domicile parental, en choisissant un travail ou en se mariant.

On retrouve l'ascendant Bélier dans les forces armées, l'ingénierie et surtout dans le monde de la construction et de l'immobilier. Curieusement, il n'est pas rare de le voir aussi dans les sciences psychiques ou des activités dites *New Age*.

La cuspide (voir p. 71) de la Maison II se trouve souvent en Taureau, ce qui le conduit à être doué pour faire de l'argent. Il peut être très chanceux dans son travail ou dans le choix de son partenaire de vie. Tout cela devrait le conduire à la stabilité financière.

Le Bélier en bref

C'est un signe cardinal de feu, masculin. Il y a donc une limite stricte à tout ce que le Bélier peut supporter.

Ascendant Taureau

Le foyer de son enfance a été confortable sur le plan matériel, mais cela n'a pas suffi à le rendre heureux. Il se peut que l'un de ses parents ait été névrosé ou trop exigeant, ou qu'un enseignant voire un camarade d'école l'ait fait se sentir inférieur. Cet individu a bon esprit mais son attitude peut le rendre exagérément sensible au point qu'il soit difficile de travailler ou de vivre avec lui. Cet état de fait peut le conduire à rater des opportunités. Il est peut-être un compagnon agréable et un bon ami, mais son caractère difficile peut gâcher ses relations.

Il est artiste, créatif et intelligent. On le retrouve dans l'univers de la beauté, de la mode ou du show-business, en particulier dans le monde de la musique. Il peut être artiste, designer, paysagiste voire chef cuisinier très créatif. S'il n'en fait pas son métier, il peut vouer une passion pour l'une de ces activités. Grâce à son sens pratique, il peut travailler au sein d'une grande entreprise dans l'agriculture ou la construction. On le retrouve aussi dans le monde de la banque et des projets d'envergure. Sa principale qualité c'est son bon sens. Son matérialisme constitue son principal défaut.

Le Taureau en bref

C'est un signe fixe de terre, féminin. Il a tendance à s'enfoncer et à ne rien lâcher, là où un compromis serait préférable.

Si la cuspide de sa Maison II se trouve en Gémeaux, les finances de l'ascendant Taureau seront fluctuantes. Il peut être dépensier sur certaines choses et économe sur d'autres.

Ascendant Gémeaux

J'appelle cet ascendant « l'orphelin ». Même si la personne ne l'est pas, c'est ainsi qu'elle se sent. Sa famille peut être dysfonctionnelle ou simplement malchanceuse, mais quelle que soit la cause, son enfance a été difficile. L'enfant ascendant Gémeaux est brillant et intelligent, mais il peut éprouver des difficultés à s'adapter à l'école ou à sa famille. Il n'a jamais été le chouchou d'aucun professeur. Il peut avoir obtenu de piètres résultats scolaires mais s'est accroché à des études qui l'ont mené à un domaine qui l'intéresse.

Il peut donner l'image de quelqu'un d'amusant, de fragile, parfois difficile, mais cette image est une carapace construite au fil des années pour cacher sa vulnérabilité et un cœur bienveillant. L'image qu'il donne à voir est celle de quelqu'un de compétent, dur et entreprenant. Il est rapide à la détente et fait en sorte que les choses avancent bien.

Le Gémeaux en bref

C'est un signe d'air masculin qui est mutable et ne manque pas de brillantes idées. Il est aussi le plus heureux du monde lorsqu'il est accompagné par un partenaire aimant.

Bon communicant, il pourra être auteur ou travailler dans les médias. Il peut aussi avoir un travail qui le conduit à se déplacer, chauffeur de taxi ou de bus par exemple. Il est doué avec le public, se fait facilement des amis. Il sera à l'aise pour travailler dans un magasin. Certains se lancent dans des activités de conseiller, fréquemment dans la comptabilité. Il peut être doué en mécanique, mais enseignant ou moniteur sportif constituent également des options intéressantes.

Compte tenu de la cuspide de sa Maison II, cet individu en apparence léger et sans consistance s'avère étonnamment habile lorsqu'il est question d'argent. Il ne sera peut-être jamais riche, mais saura gérer correctement son budget.

Ascendant Cancer

Il est toujours question d'un lien puissant avec la mère lorsque l'on évoque cet ascendant. Cette mère peut être un merveilleux modèle et d'un grand soutien. Elle peut aussi être difficile, exigeante et égoïste. Pire encore, elle peut être préjudiciable à l'équilibre psychologique de son enfant. Dans tous les cas, l'ascendant Cancer prend soin de sa mère et ne veut pas la voir souffrir. Cet attachement est tel qu'il peut parfois poser un problème dans le couple, surtout si la mère tente d'intimider son gendre ou sa bru.

Le Cancer en bref

Le Cancer est un signe cardinal d'eau, féminin qui peut être confus et qu'il ne vaut mieux pas pousser trop loin.

L'ascendant Cancer peut être l'aîné de la fratrie, celui ou celle qui montre l'attitude la plus responsable. Il portera le fardeau émotionnel et financier de ses frères et sœurs, voire d'autres membres de la famille, pendant une grande partie de sa vie. Son développement ne sera peut-être pas précoce, mais grâce à son bon sens et sa perspicacité, l'ascendant Cancer arrivera toujours à se débrouiller. Il s'intéresse au patrimoine, à l'histoire et appréciera de visiter des demeures seigneuriales et des collections d'antiquité.

L'ascendant Cancer est une personne qui a tendance à être de mauvaise humeur ou qui est inquiète par nature. Cela dit, son problème majeur tient à son manque de confiance en lui, surtout lorsqu'il est amené à gérer des situations difficiles ou des relations compliquées. L'ascendant Cancer a un abord agréable et rassurant, mais c'est une personne qui peut être désagréable lorsqu'il se sent menacé, même si cette menace est purement imaginaire. Si la pression est trop forte, il se réfugiera chez lui et se coupera du monde extérieur, recroquevillé dans sa carapace jusqu'à ce qu'il sente qu'il est de nouveau capable de faire face à la situation. En général, il est amical, accueillant et serviable.

Si le Lion se trouve dans la cuspide de la Maison II, on pourra être en présence d'une personne qui gagne beaucoup d'argent, mais qui en dépense tout autant pour recevoir ses invités, voyager et s'offrir des choses luxueuses.

Ascendant Lion

Il peut être l'aîné de la fratrie ou la seule fille d'une famille de garçons ou encore le seul garçon d'une famille de filles. Ses parents ont tout fait pour lui. Il est fréquent que l'ascendant Lion soit doué pour la musique, le théâtre ou les arts. C'est généralement un bel enfant. L'avenir lui dira si ces qualités le mèneront au succès, considérant qu'il existe évidemment d'autres facteurs déterminants. Une chose est sûre : il aimera toujours ses enfants et fera le maximum pour eux.

L'ascendant Lion peut avoir eu un père difficile, de ceux qui ont une haute image d'eux-mêmes. Ses parents ont pu le trouver bavard, lent, énervant, dépensier, au point d'avoir eu tendance à le mettre à l'écart. Sa vanité et son égocentrisme constituent ses principaux défauts. Il peut être un bon ami, sociable et amusant, gentil et agréable. Il est du genre à travailler dur et à toujours être en quête de succès.

Si la Vierge se trouve en Maison II, l'ascendant Lion fera preuve d'astuce et de prudence à l'égard de l'argent et des biens matériels.

Le Lion en bref

C'est un signe fixe de feu, masculin. Il a du mal à changer, mais ça le rend loyal et capable d'endurer des situations plus longtemps que nécessaire.

Ascendant Vierge

L'ascendant Vierge a du mal à obtenir l'aval de ses parents. C'est un enfant qui s'exprime généralement haut et fort, et qui est exigeant. Il peut souffrir d'une maladie chronique, souvent nerveuse et être capricieux.

C'est un signe d'une grande intelligence, mais il arrive qu'il éprouve des difficultés à réussir dans la vie, par peur de l'échec... ou de la réussite ! L'ascendant Vierge est perçu comme une personne sérieuse et organisée, et si elle ne cède pas à ses obsessions, elle pourra mener une belle vie. Avec le temps, sa forte voix et ses exigences s'estompent. L'ascendant Vierge devient un bon ami, sur qui on peut compter, doté d'un véritable sens de l'humour. Ses relations seront riches plus tard dans sa vie, lorsqu'il rencontrera des personnes qui apprécient ses manières peu communes et son intense loyauté. Il est un parent de premier rang, parfois trop ambitieux pour ses enfants. La comptabilité, l'immobilier, le monde des affaires, les médias ou la scène sont ses domaines de prédilection. On le rencontre très souvent dans le monde de l'édition.

L'ascendant Vierge est prudent avec l'argent mais la cuspide de sa Maison II en Balance peut le conduire à dépenser pour se faire plaisir, dans la musique, l'art, les vêtements, la cosmétique ou encore la décoration par exemple.

La Vierge en bref

C'est un signe féminin. Sa nature mutable lui confère sa souplesse, mais c'est aussi un signe de terre, donc têtu, qui le rend moins facile que ce qu'il donne à voir.

Ascendant Balance

L'enfant ascendant Balance a certainement été heureux, même si ses parents ont pu avoir tendance à le négliger ou l'ont obligé à faire des choses qu'il n'était pas capable de faire. Il met ses charmes à profit pour se sortir de situations délicates ou accéder à des choses que sa paresse naturelle pourrait l'empêcher d'obtenir. Il n'aime pas la grossièreté et le désagrément mais apprécie l'art, la musique et les milieux agréables.

Grâce à sa gentillesse et son raffinement, on se sent bien avec lui. Il s'épanouira dans un travail qui requiert ces qualités, comme la gestion d'une galerie d'art ou un service de traiteur professionnel. Il est doué en cuisine et c'est un hôte remarquable. Son sens de la justice et sa capacité à rassembler les gens le conduisent aussi à des professions liées à la justice ou à l'arbitrage. Il a besoin d'un partenaire sur lequel il doit pouvoir compter pour affronter la vie, mais sa nature conflictuelle et pas vraiment fiable ne lui facilitera pas les choses pour trouver cette personne. Il aime user de ses charmes pour séduire.

La cuspide de la Maison II en Scorpion lui confère une certaine prudence vis-à-vis de l'argent. Il pourra aider les autres à optimiser leurs ressources financières.

La Balance en bref

Voilà un signe bien confus. C'est un signe masculin contrôlé par Vénus, la planète la plus féminine. C'est un signe cardinal, ce qui implique que l'ascendant Balance suit son chemin et ne supporte pas le stress et la pression. Mais c'est aussi un signe d'air, qui lui offre la communication et l'échange, et en fait un individu facile d'accès et très à l'écoute.

Ascendant Scorpion

L'ascendant Scorpion est aimé par ses parents, mais il a pu naître dans un moment ou une situation difficile, ce qui l'a conduit à se sentir en décalage par rapport aux autres. Cette caractéristique engendre une attitude prudente et des sentiments profonds que l'ascendant Scorpion va dissimuler aux yeux du monde. Il est intuitif et se sert de cette qualité pour évaluer les autres. Dans un cadre professionnel, son intuition le mènera à une carrière dans la justice, par exemple. Il peut aussi se destiner à une profession militaire. Il peut travailler comme conseiller dans des domaines qui ont trait à l'argent et aux assurances.

L'ascendant Scorpion a un abord amical et veut être aimé des autres, mais ses vrais amis sont peu nombreux. Il peut être loyal dans ses relations et un membre de la famille sur qui l'on peut compter. À l'inverse, il peut avoir des difficultés à rester longtemps avec la même personne. C'est un parent attentionné mais pas spécialement cohérent. Il peut être exigeant et pointilleux, ce qui ne facilite pas la tâche de ceux qui vivent avec lui.

Si le Sagittaire se trouve en Maison II, l'ascendant Scorpion peut avoir un comportement stupide lorsqu'il est question d'argent et de biens.

Le Scorpion en bref

C'est un signe fort, notamment dirigé par Mars. C'est un signe féminin, ce qui lui confère une bonne capacité d'acceptation. En tant que signe d'eau, il est intuitif, ce qui peut l'amener à être médium ou astrologue.

Ascendant Sagittaire

D'une manière générale, son enfance s'est bien passée. Cela ne l'a pas empêché de souhaiter prendre prématurément son envol et d'expérimenter plusieurs styles de vie avant de se poser. S'il a été élevé dans une famille très croyante ou s'il a été éduqué dans une école religieuse, il remettra ces croyances en question et trouvera plus tard son propre système.

L'ascendant Sagittaire a un grand cœur. Il est animé de bonnes intentions, mais il est trop agité pour que l'on puisse compter sur lui. Il donne l'image d'une personne intelligente et conviviale. Il porte un intérêt sur tout ce qui l'entoure, mais si on cherche son soutien, on n'est pas sûr de le trouver.

Il n'est pas rare de rencontrer des ascendants Sagittaire chez les astrologues ou les personnes touchées par la spiritualité. Leur savoir est encyclopédique. C'est aussi le cas de quantité de personnes dans le monde de la religion et de la philosophie. L'enseignement est une mission naturelle de cet ascendant. On le retrouve professeur, instructeur ou encore coach à un moment de sa vie. Il est très amusant et saura faire rire la galerie avec son sens de l'humour et son charisme. Il n'est pas rare de le retrouver dans le monde du divertissement.

Le Sagittaire en bref

Signe de feu masculin et mutable, cet individu agité doit toujours être en mouvement, apprendre et faire des choses aussi longtemps qu'il le peut.

L'ascendant Sagittaire peut avoir de véritables compétences en construction, il pourra aisément travailler dans ce domaine et être amené à voyager pour son métier. Le voyage est en effet très présent dans la vie de cet ascendant.

Avec le Capricorne fréquemment en Maison II, il peut être étonnamment malin avec l'argent et, même s'il subit des revers financiers dans sa vie, il trouvera toujours le moyen de s'en remettre et de retrouver une bonne stabilité économique.

Ascendant Capricorne

L'individu ascendant Capricorne peut avoir grandi dans des circonstances difficiles. Il a été aimé et désiré, mais il a peut-être grandi dans la pauvreté ou le deuil d'un père malade par exemple, ou encore dans une famille trop nombreuse. Très tôt il a appris à économiser et à prendre la vie très au sérieux. Il est possible qu'il ait été lui-même souffrant, atteint par une maladie auto-immune comme l'asthme ou l'eczéma, ce qui l'a empêché de suivre certaines activités scolaires. Même si ça n'a pas été le cas, il n'a jamais été un enfant que l'on pourrait qualifier d'athlétique. Son assiduité et son intelligence lui ont permis de combler plus tard cette lacune.

Sa manière d'être donne l'impression d'une personne sérieuse et parfois plus âgée qu'il ne l'est en réalité. Son sens de l'humour lui évite d'être considéré comme une personne hâbleuse ou ennuyeuse. Il est ambitieux et n'est pas de ceux qui se plaignent lorsqu'ils ont du travail à faire. L'ascendant Capricorne est efficace, capable et se rendra fort utile pour son employeur. Il peut travailler dans n'importe quel type d'activité, même s'il est plus à l'aise dans des organisations ou des projets de grande envergure.

L'ascendant Capricorne est loyal. C'est un partenaire aimant et un bon parent qui prend son devoir à l'égard de sa famille très au sérieux. Il prend soin de ses parents et des personnes âgées de sa famille une fois qu'il est arrivé à quelque chose dans sa vie et qu'il jouit d'une certaine stabilité financière.

Le Capricorne en bref

C'est un signe cardinal, ce qui en fait une personne tranquille et apparemment sans prétention, difficile à bousculer. Signe de terre féminin, il fait preuve d'endurance.

Sa Maison II est fréquemment sous le signe imprévisible du Verseau. Au fil de sa vie, il connaîtra donc des périodes fastes et d'autres plus modestes.

Ascendant Verseau

L'enfant Verseau a été aimé. Ses parents ont fait tout ce qu'ils ont pu pour lui, même s'il a pu connaître des problèmes d'argent ou de santé dans la famille. Son père a peut-être été malade ou a pu délaisser sa famille. L'ascendant Verseau a appris très tôt à être indépendant, en partie parce que c'était important qu'il le soit, mais aussi parce c'est sa nature profonde et que ses parents l'ont encouragé à être ce qu'il doit être. Il a fait ce qu'il fallait à l'école, pas spécialement dans les matières académiques, mais plutôt dans le sport et les matières techniques.

Il peut se lancer dans l'enseignement ou dans un métier technique qui réclame un esprit inventif et un intérêt pour l'originalité. Il peut se consacrer à la politique locale ou nationale.

C'est une personne intelligente et plus dure que ce qu'elle donne à voir. Populaire et charmant, l'ascendant Verseau est travailleur et ambitieux, idéaliste et altruiste. C'est un bon parent qui prendra soin de sa famille. Parfois imprévisible, il est juste le plus souvent. Il donne l'image de quelqu'un de calme qui préfère cacher ses émotions et ses faiblesses. Il voyage beaucoup, par choix et pour son métier. Il aime rencontrer des gens de tous les horizons.

Le Verseau en bref

C'est un signe fixe masculin. Il finit toujours ce qu'il a commencé et a pour habitude de maintenir le *statu quo*. C'est aussi un signe d'air qui se sent bien dans le monde des idées. Son réseau de relations est riche.

Avec sa Maison II souvent en Poissons, ses finances peuvent être fluctuantes, mais il est prudent dans ce domaine. Il a toujours une solution de secours.

Ascendant Poissons

Pour des raisons techniques propres à l'astronomie, le Poissons est un ascendant peu commun, bien qu'il soit plus fréquent dans l'hémisphère sud qu'en France ou en Belgique par exemple.

Son enfance a certainement été difficile, pour des raisons qui tiennent à sa famille ou à la maladie. Il est en effet fréquent que les personnes nées sous cet ascendant aient passé du temps à l'hôpital lorsqu'elles étaient jeunes, ce qui les a tenus éloignés de leur famille

et leur a fait connaître la solitude. Dans d'autres cas, ils ont pu être mis à l'écart à l'école ou avoir passé beaucoup de temps chez eux tout seuls. Quelles que soient les circonstances, ils ont appris à développer leurs ressources intérieures, parmi lesquelles leur imaginaire. On les retrouve souvent dans la spiritualité, le monde des médiums et autres activités *New Age*. Leur créativité est très développée. L'ascendant Poissons peut être écrivain, poète, musicien, comédien, etc. Ces activités pourront aussi être des passe-temps plutôt que des métiers.

L'ascendant Poissons peut être très sportif, ce qui peut équilibrer sa faiblesse dans les matières plus académiques. Il peut cependant montrer des aptitudes pour les chiffres et le monde des affaires. Il est souvent attaché à la créativité ou la mysticité, mais sous l'angle des affaires, en étant éditeur par exemple. Sa mobilité naturelle le conduit aussi dans le monde du tourisme ou du transport.

Le Poissons a la réputation d'être un signe faible et gentil. Ce n'est pas tout à fait vrai. Il saura faire preuve d'hostilité s'il doit se défendre. Il est serviable lorsqu'il l'a décidé et très désagréable lorsqu'il est de mauvaise humeur.

Avec sa Maison II souvent en Bélier, il trouve toujours un moyen de gagner de l'argent ou de posséder des biens, souvent sous la forme d'immeubles. D'une nature peu dépensière, l'ascendant Poissons peut devenir riche.

Le Poissons en bref

À première vue, on pourrait penser que c'est un signe fragile, dans la mesure où c'est un signe d'eau féminin et mutable. Mais il n'en est rien, notamment parce que sa richesse intérieure ou sa spiritualité est telle qu'il n'a pas besoin de s'appuyer sur les autres.

5

LES MAISONS ASTROLOGIQUES

L'ascendant constitue le point de départ des douze maisons. Parmi les différents systèmes qui régissent les maisons, le plus simple part du principe que toutes les maisons ont exactement la même taille. La *cuspide* est un terme important à connaître lorsqu'il est question des maisons astrologiques. C'est le point qui délimite le début d'une maison.

Angulaire, Succédente, Cadente

Les Maisons I, IV, VII et X sont dites Angulaires, ce qui leur confère plus de solidité que les deux autres types de maison. Les Maisons II, V, VIII et XI sont dites Succédentes, elles ont tendance à suivre les décisions prises par les planètes des Maisons Angulaires. Les Maisons III, VI, IX et XII sont dites Cadentes, elles mettent un terme aux choses.

Maison I

Par le fait qu'elle commence à l'ascendant, cette maison fait référence à la programmation de l'individu dans son enfance. Elle affecte l'image qu'il donne à voir. Elle est associée à l'apparence de la personne, à son image et à des thèmes relatifs à sa santé. Elle peut montrer ses talents et parfois sa carrière ou son style de vie.

Maison II

Cette maison fait référence aux valeurs, à l'image de la personne, à ses propriétés et à ses finances personnelles. Il est aussi question de ses besoins de sécurité et de la considération que les autres lui portent. Cette maison nous parle également de concepts tels que la décoration, la beauté, les arts, la musique, la cuisine ou le jardinage dans la vie de la personne. Elle peut régir la propriété terrienne ou l'argent à la banque.

Maison III

C'est la maison des relations avec l'entourage proche. Elle se réfère aussi à l'endroit où la personne vit. Elle gouverne les communications, l'information, les échanges, la façon dont le sujet pense et s'exprime. Elle relève de sa formation de base et de sa dextérité. Les petits trajets et les modes de transport sont également régis par cette maison.

Maison IV

C'est la maison du foyer, du rapport à la mère, du nid de l'enfance, et des considérations domestiques (la maison, la terre) et tout ce qui relève des réalités matérielles. Elle est essentiellement concernée par le domestique et les sujets d'ordre familial. Les thématiques relatives au passé, comme l'histoire, les antiquités, l'héritage familial sont également présentes dans cette maison.

Maison V

C'est la maison de l'expression artistique, de la créativité et en particulier de la musique, de la création d'une famille (avoir des enfants), de l'entreprise commerciale, de l'œuvre d'art ou du livre. Elle est associée aux plaisirs, aux vacances, aux passe-temps et aux jeux. On y trouve aussi les aventures amoureuses et les moments de détente, loin des réalités de la vie.

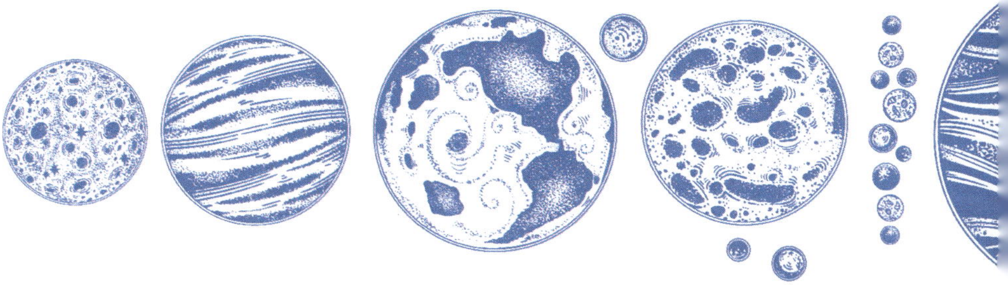

Maison VI

Elle régit les employés et les employeurs, le travail et la notion de devoir d'une manière générale. La santé, la prévention de la maladie et tout ce qui a trait à la condition physique sont représentés ici. Elle peut donc signifier l'intérêt porté aux thérapies. Elle peut aussi montrer une tendance à la paresse ou à la surcharge de travail.

Maison VII

C'est traditionnellement la maison du mariage, mais elle peut aussi administrer les partenariats ou les associations professionnelles. La Maison VII gouverne également les accords, les contrats et la justice. Le sens de la justice ou de l'injustice peut être signifié ici ainsi que tout ce qui a trait au domaine de la légalité.

Maison VIII

Il est ici question des ressources et des finances partagées, personnelles ou professionnelles. Elle gouverne le rapport avec les institutions financières, le legs, les impôts, les questions relatives à l'entreprise, voire la police ou le système judiciaire. Naissance, mort, sexualité et karma sont associés à cette maison, en tant que secrets, ressentiments, souffrances, transformations et thèmes cachés ou occultes. Elle représente la part immatérielle de l'individu, ce qui peut s'opposer à son épanouissement, comme la confrontation à l'autorité.

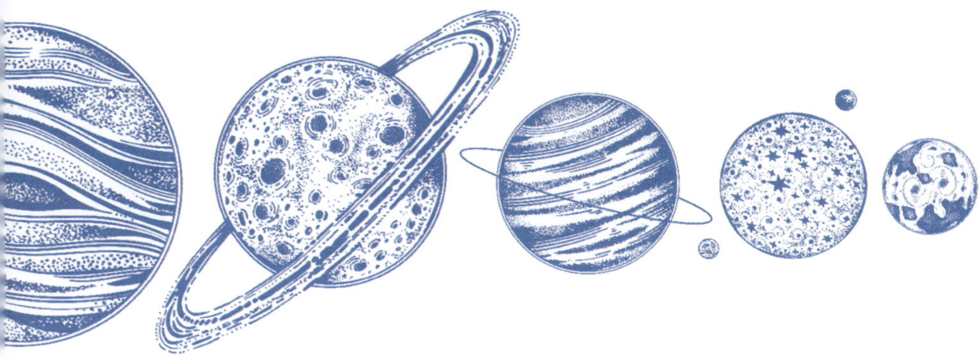

Maison IX

Elle est associée au voyage sur de longues distances, aux étrangers, aux produits qui viennent d'ailleurs et aux différentes cultures. Les questions de liberté, d'indépendance et d'exploration se retrouvent dans cette maison. Ainsi que tout ce qui permet d'étendre les horizons intellectuels de la personne, comme l'éducation, la religion ou la philosophie. La justice et la loi peuvent également être importantes dans cette maison. Traditionnellement, elle gouverne également les jeux de pari et la chance. Elle est associée aux animaux, surtout aux grands.

Maison X

Elle est associée à la carrière, mais représente plus généralement l'objectif ou l'ambition. Les pères (comme figures d'autorité) et la transmission paternelle sont gouvernés ici. Le statut, la reconnaissance, la progression politique et tout ce qui se passe en dehors du foyer ou qui est soumis à l'opinion publique sont régis par cette maison. Cela peut avoir un lien avec les grandes entreprises ou le gouvernement.

Maison XI

Elle régit les relations comme les amitiés, les clubs, les sociétés et les activités de groupe. C'est la maison de la relation sociale. Elle est liée au gouvernement local et aux choses dont la population locale profite. L'acquisition de la connaissance et les idées originales sont ici, tels que les passe-temps intellectuels et l'astrologie. C'est la maison de l'originalité. Il y est aussi question d'espoirs et de souhaits.

Maison XII

Elle montre la manière dont la personne se sacrifie ou s'occupe de ceux qui ont besoin d'aide. Elle régit les lieux d'isolement comme les prisons et les hôpitaux ou le fait de travailler seul à la maison. Elle connecte avec le mysticisme, les choses et les ennemis cachés, les secrets, et le sentiment d'insécurité. Les planètes dans cette maison peuvent prêter à la personne un talent artistique, musical ou psychique, mais elles peuvent aussi indiquer sa fin ou un comportement autodestructeur.

CONNEXIONS SIGNE/MAISON

Les signes partent du Bélier jusqu'aux Poissons, les maisons vont de I à XII. Chaque signe a une caractéristique commune à chaque maison. En intégrant les caractéristiques des signes, vous aurez une idée de la manière dont chaque maison fonctionne. Voici les connexions entre les signes et les maisons, et ce sur quoi elles portent :

Signe	Maison	Connexions
Bélier	I	Le moi et le corps
Taureau	II	Ce qui est valorisé, les finances personnelles, les biens
Gémeaux	III	La communication, les questions locales
Cancer	IV	Le foyer, la famille, la mère, le passé
Lion	V	Les enfants, le jeu, la créativité
Vierge	VI	Le travail et la santé
Balance	VII	Les relations amoureuses, les collaborations professionnelles, les opposants
Scorpion	VIII	Les ressources partagées, les partenariats financiers, le sexe, les ressentiments
Sagittaire	IX	L'expansion, l'éducation, les voyages
Capricorne	X	Le statut, les ambitions, la carrière
Verseau	XI	L'amitié, les souhaits, les désirs
Poissons	XII	Les choses cachées, la vulnérabilité, l'auto-développement

6

LES SIGNES LUNAIRES

La Lune effectue une orbite complète autour de la Terre en 27,3 jours, mais elle fait le tour du zodiaque, tel qu'on peut l'observer depuis la Terre, en 29,5 jours. Le signe lunaire est moins évident que le signe solaire, dans la mesure où il gouverne nos réactions plutôt que nos actions, et qu'il concerne la face cachée et intérieure de la personnalité. Plus important, il est lié aux émotions et au comportement déterminés par notre manière d'être.

La nature profonde d'un individu ne s'exprime pas toujours aux yeux des autres. Même les proches n'ont pas une appréciation exhaustive des sentiments réels d'une personne. Cette dernière en aura conscience mais ne parviendra pas forcément à mettre des mots dessus. D'une certaine manière, le signe lunaire révèle les véritables motivations et la personnalité profonde.

La Lune a parfois quelque chose à dire sur la relation à la mère. Elle peut se référer à des thèmes domestiques, mais elle peut aussi montrer si la personne est en phase avec les besoins de son public.

La Lune et les genres

Vous l'avez certainement noté dans le chapitre sur le zodiaque, le genre des signes n'affecte pas tant que cela les signes solaires. Ce n'est pas le cas du *signe lunaire* pour lequel le genre est très impactant. Les personnes ayant leur Lune dans un signe masculin, par exemple, sont moins sensibles et impressionnables que celles qui l'ont dans un signe féminin.

Signe	Bélier	Taureau	Gémeaux
Genre	♂	♀	♂
Signe	Cancer	Lion	Vierge
Genre	♀	♂	♀
Signe	Balance	Scorpion	Sagittaire
Genre	♂	♀	♂
Signe	Capricorne	Verseau	Poissons
Genre	♀	♂	♀

LÉGENDE	Masculin ♂ Féminin ♀

La Lune et les éléments

De la même manière, lorsqu'il est question des éléments, le signe lunaire prend tout son sens, dans la mesure où les réactions d'une personne face à une situation peuvent différer de sa manière d'être. Il est donc intéressant de savoir ce qui se passe émotionnellement pour les personnes que l'on côtoie. C'est d'autant plus vrai lorsque les personnes se trouvent dans un moment difficile de leur existence. C'est ce que nous verrons un peu plus loin.

Signes de feu	Bélier, Lion, Sagittaire
Signes de terre	Taureau, Vierge, Capricorne
Signes d'air	Gémeaux, Balance, Verseau
Signes d'eau	Cancer, Scorpion, Poissons

Signe lunaire de feu

Sous ce signe, l'avantage c'est que, sur le plan émotionnel, on ne souffre pas outre mesure. La vie est donc plutôt douce et heureuse. Cela étant, un individu dont la Lune est en Bélier ou en Sagittaire n'est pas particulièrement soutenu par ses parents, il doit donc très tôt se débrouiller tout seul dans la vie.

L'inconvénient c'est que lorsqu'il est contrarié, ou lorsqu'une relation ou un travail ne fonctionne pas comme il le souhaite, le signe lunaire de feu peut s'en prendre aux autres et les blesser sans réfléchir aux conséquences. Son optimisme naturel lui permet cependant de se sortir de toutes les situations en pensant qu'il va trouver un autre travail, un autre partenaire ou un autre style de vie. Et c'est généralement ce qui se passe. Les personnes dont la Lune est en Lion, signe fixe par excellence, ont potentiellement la plus grande résistance aux situations difficiles. Leurs parents sont actifs et ont du succès.

Signe lunaire de terre

Ici, les individus ont tendance à s'engager dans les relations qu'ils jugent importantes et n'en sortent pas aisément. Un individu dont la Lune est en

Vierge aura plus d'aisance à s'adapter à de nouvelles circonstances et à s'éloigner des difficultés. C'est sa mutabilité qui le lui permet.

À l'inverse, sous pression, il s'accrochera à tout ce qu'il peut. Si sa relation va à la rupture, il s'engagera corps et âme dans la bataille du divorce pour conserver des biens matériels. Le signe lunaire de terre a peur de la misère, le contenu de son compte en banque revêt donc une grande importance à ses yeux. Ses parents sont des travailleurs acharnés.

Signe lunaire d'air

Sur le plan positif, il peut gravir les échelons du succès et mener une vie enviée par beaucoup. Il s'estime plus intelligent que la moyenne, ce qui est souvent le cas, et gagne là où les autres échouent ou abandonnent. Le signe lunaire d'air est solide, indépendant et capable d'affronter la tempête.

Il aime profondément sa famille et ses vrais amis se comptent sur les doigts d'une main. Ses parents sont intelligents et souvent autodidactes.

Signe lunaire d'eau

On le retrouve souvent dans des professions de conseil, qui vont du médium aux services sociaux, venant en aide dans des zones sinistrées, chaque fois que la situation se présente. Le signe lunaire d'eau est à l'écoute des autres, il les comprend et peut offrir son amitié et son soutien sachant qu'il n'est pas constant et que ce n'est pas une bonne idée de s'appuyer sur lui indéfiniment.

Les traumatismes du signe lunaire d'eau le font intensément souffrir. Il n'est pas rare qu'il estime que la vie devrait être plus facile et bien meilleure qu'elle ne l'est en réalité. De cela peut résulter un comportement à tendance extrême.

La Lune et les qualités

Pour rappel, les trois qualités sont cardinal, fixe et mutable. Leur influence sur le signe lunaire n'est pas évidente mais de la première importance.

Signe cardinal:	Bélier, Cancer, Balance, Capricorne
Signe fixe:	Taureau, Lion, Scorpion, Verseau
Signe mutable:	Gémeaux, Vierge, Sagittaire, Poissons

Signe lunaire cardinal

Les individus dont la Lune est dans un signe cardinal ne sont pas du genre que l'on renverse; ils réussiront dans leur travail ou dans un autre domaine de la vie là où les autres échouent. Ils se considèrent comme des personnes importantes et pourront avoir beaucoup de succès. Le signe lunaire cardinal prend soin de sa famille et de ses proches en répondant à leurs besoins matériels. Cela étant, lorsqu'il se sent en danger, le signe lunaire cardinal se bat bec et ongles, et n'hésite pas à blesser. Il peut être difficile à vivre. D'un autre côté, comme il ne se laisse pas faire, il ne risque pas de se faire écraser par les autres.

Signe lunaire fixe

Il définit un individu avec un sens aigu des responsabilités et dont la capacité d'endurance est élevée. Il supportera des situations plus longtemps que la plupart, parfois pour des raisons plus pratiques qu'émotionnelles, pour vivre une vie aisée par exemple. Il pourra être extrêmement campé sur ses positions et ses opinions, au risque d'être déphasé par rapport aux autres. Sur un plan positif, dans des situations où l'engagement à l'égard des autres est faible, qu'il s'agisse de relations professionnelles ou personnelles, lui saura faire preuve d'engagement.

Signe lunaire mutable

Il caractérise des personnes intelligentes et capables, mais pas toujours suffisamment fortes ou déterminées pour être dans le camp des gagnants. C'est souvent sous la pression qu'elles s'écroulent alors qu'il faudrait justement résister. Certaines se contentent d'approuver le dernier à avoir parlé. Si les choses se compliquent trop, le signe lunaire mutable peut avoir un comportement très terre à terre, et décider de laisser tomber pour aller voir si l'herbe est plus verte ailleurs.

La Lune au travers des signes

La fin de ce chapitre est consacrée aux caractéristiques des signes lunaires.

Lune en Bélier

Cet individu réfléchit et parle vite. Il peut faire face à des projets de grande envergure, mais peut aussi avoir besoin d'aide pour les mener à terme. Son enthousiasme et son énergie doivent s'exprimer dans une mission chargée de sens, dont la finalité est importante. Les femmes de ce signe sont de bonnes ménagères, ce qui ne les empêche pas d'avoir besoin d'un travail intéressant hors du domicile. La relation aux parents n'a pas toujours été simple, notamment avec le père, elle a été marquée par de nombreuses disputes. Son manque de souplesse en matière de compromis en fait un partenaire compliqué à vivre.

Lune en Taureau

Cette personne sera à l'aise avec les problèmes pratiques, bien plus qu'avec les difficultés émotionnelles. Elle est agréable, amicale, sociable, fiable et gentille, mais peut aussi être compliquée. La relation qu'elle entretient avec ses parents peut être difficile. D'une nature sensuelle, elle aime l'art, la nature et le voyage. Elle peut être têtue tout en restant cohérente. Un compte en banque garni et un toit au-dessus de la tête lui sont nécessaires. Son confort et celui de sa famille en font un travailleur acharné.

Lune en Gémeaux

Son esprit est actif, logique et orienté business. C'est un grand lecteur qui emmagasine facilement des connaissances. Il aime voyager. Au demeurant sympathique et agréable, il a tendance à se replier sur lui-même et à se rendre malade lorsqu'il est contrarié. Lorsqu'il aime, ses sentiments sont profonds et loyaux. Il fera tout ce qui est en son pouvoir pour que ses enfants ne manquent de rien et reçoivent la meilleure éducation. Travailleur acharné, il trouve toujours le moyen de gagner de l'argent lorsque le besoin se fait sentir.

Lune en Cancer

C'est une personne émotive, sensible, et lunatique, qui tentera de le cacher aux autres. Elle peut être créative, et appréciera l'art et la musique. D'un naturel intuitif, elle est tentée par les questions qui touchent au psychique ou au mystique, mais pourra aussi s'intéresser à des carrières dans l'enseignement et dans le monde des affaires. Elle fait ce qu'il faut pour sa famille et apprécie son foyer, mais peut avoir une tendance clanique. Elle peut être lunatique et tomber malade lorsqu'elle n'est pas heureuse. Sa mémoire est excellente.

Lune en Lion

Cette personne montre qu'elle a confiance en elle, même si ce n'est pas le cas. Elle déteste avoir l'air stupide ou inapte à une situation. Elle aime être le centre de l'attention. Elle peut être très responsable ou totalement irresponsable, absolument honnête ou parfaitement crapule. Elle pourra se sacrifier pour sa famille et il n'est pas rare qu'elle mette ses proches sur un piédestal, ou qu'elle ait une très haute estime d'elle-même. Ses talents d'organisation et d'affairiste lui permettent de tirer profit des tendances et des opportunités qui se présentent et qui peuvent la conduire au succès. Supportant mal la solitude, elle est souvent très entourée.

Lune en Vierge

C'est une personne intellectuelle, sélective et qui s'intéresse aux détails. Elle est également ambitieuse et déterminée, mais ses émotions peuvent lui jouer des tours. Au travail, elle peut être à l'aise dans les seconds rôles, tant que ses efforts sont appréciés et reconnus. Elle est généralement talentueuse en cuisine et dans les tâches ménagères, et apprécie les jeunes enfants et les animaux domestiques. Il arrive qu'elle préfère le célibat à la vie de couple, misant davantage sur sa carrière professionnelle plutôt que sur les choses de l'amour. Bon nombre aiment la vie de famille et ne sont pas portées sur les démonstrations affectueuses, ce qui ne les empêche pas d'être gentils et aimants... à leur manière.

Lune en Balance

Charmant, optimiste, extraverti et sociable, cet individu est un diplomate né, populaire au travail et en société. C'est un signe lunaire difficile, il faut donc se méfier des apparences douces qui peuvent cacher un personnage ambitieux, très travailleur et déterminé, surtout lorsqu'il a un objectif en vue. Supportant mal la solitude, il cherchera la présence de ses amis, de ses proches et de ses amours. Sa liberté est primordiale et il faudra le laisser aller et venir à sa guise. Ceux qui cherchent à l'accaparer, seront vite rejetés. Il est fidèle s'il trouve le bon partenaire, ce qui ne l'empêchera pas de flirter.

Lune en Scorpion

Les émotions sont à fleur de peau chez les personnes dont la Lune est en Scorpion. S'y ajoute un soupçon de ressentiment. Leur contexte familial est complexe et elles feront tout pour s'en échapper le plus tôt possible, même si la rupture ne sera jamais définitive. L'individu dont la Lune est en Scorpion pourra occuper un poste banal dès l'instant où il trouvera son équilibre dans des hobbies qui le remplissent. Cela étant, il mettra les moyens pour trouver un métier qui le comble et qui revêt une importance aux yeux des autres. Il préfère aussi être dans une relation épanouissante et ne laissera pas tomber son partenaire pour un oui ou pour un non. Cela ne l'empêche pas d'avoir du mal à pardonner ceux qui ont été déloyaux à son égard.

Lune en Sagittaire

Voilà une personne qui s'épanouira en tant qu'astrologue ou en travaillant dans le développement psychologique ou spirituel. Il n'est pas rare qu'elle s'engage en religion. Sa Lune l'invite à trouver du sens à sa vie. Ses parents ont pu être croyants, ce qui ne l'empêchera pas de chercher sa propre voie spirituelle. C'est une personne qui exprime un véritable besoin de liberté ce qui ne lui interdit pas d'avoir des relations amoureuses durables, parfois avec un partenaire difficile. Il y a de fortes chances pour qu'elle aime les animaux de compagnie ou même les grands animaux.

Lune en Capricorne

Des expériences difficiles de son enfance lui ont montré que la vie n'est pas toujours simple, qu'elle peut être jonchée de deuils, de pauvreté, de temps difficiles à la maison. L'individu dont la Lune est en Capricorne prend son temps pour atteindre ses objectifs, mais il est ambitieux. Son application et sa détermination lui permettent de gravir les échelons du succès. Il prend soin de sa famille et comme sa vie est généralement longue, ça lui laisse le temps de compenser les manques et les revers des premières années. Il n'est pas spécialement extraverti, mais plutôt timide, surtout sur le terrain de l'expression des sentiments. Il est méticuleux et sa mémoire est excellente.

Lune en Verseau

Son enfance n'a pas été facile. Il n'a pas manqué d'amour mais les circonstances difficiles l'ont conduit à devoir travailler dur pour réussir. Il n'est pas du genre à se laisser commander mais plutôt à tracer son propre sillon. Il peut se lancer dans une carrière inattendue ou avoir du succès dans un métier difficile, grâce à son courage et sa détermination. Il peut affronter les catastrophes mieux que personne. Sa nature indépendante et originale le rend difficile à comprendre et son autonomie naturelle ne facilite pas les partenariats. Ceci ne l'empêche cependant pas d'avoir beaucoup d'amis.

Lune en Poissons

Voilà un signe d'une grande sensibilité. Ses valeurs relèvent d'un mélange de spirituel et de matérialiste. Son style de vie pourra être inhabituel et lui permettre d'explorer les deux facettes de sa nature. Les individus dont la Lune est en Poissons travaillent souvent dans des domaines qui ont trait à la psychologie ou servent des organisations religieuses ou spirituelles. Ce sont des personnes qui peuvent être influencées par les sentiments des autres, au point d'être malheureux ou en colère pour des raisons qui ne les concernent pas directement, simplement parce qu'ils captent les émotions de leur entourage.

Leur enfance a laissé son empreinte, les rendant vulnérables, sensibles et fragiles. Ce sont des personnes qui pourront offrir leur assistance à ceux qui en ont besoin.

7

LES PLANÈTES

Mercure

Mercure est la plus petite planète du système solaire et la plus proche du Soleil. Elle met quatre-vingt-huit jours pour tourner autour, c'est l'orbite la plus courte de toutes les planètes. Son nom vient de la divinité romaine Mercure, le messager des dieux.

En raison de sa proximité avec le Soleil, Mercure sera du même signe que le Soleil, ou à un signe de celui-ci. Ainsi, par exemple, une personne dont le signe solaire est le Sagittaire aura Mercure en Scorpion, en Sagittaire ou en Capricorne.

Il arrive que, vu de la Terre, le mouvement de Mercure semble traverser le zodiaque à reculons. Cela se produit en moyenne trois fois par an pendant deux ou trois semaines. On dit alors que Mercure est rétrograde. Les astrologues savent qu'il s'agit de périodes pendant lesquelles les communications fonctionnent mal, les véhicules et les déplacements posent des problèmes, notre santé peut nous jouer des tours et l'on peut égarer des objets facilement.

En astrologie, Mercure est attachée à l'éducation, à la littérature, aux chiffres, aux communications, mais aussi au lieu de vie et de travail, au déplacement et à tout ce qui relève du quotidien comme le shopping par exemple. Mercure régit l'écriture et les nombres ; l'achat, la vente et le marketing ; les bus, les taxis et la voiture familiale. Elle est également concernée par la relation avec les frères, les sœurs, les cousins et les voisins. C'est la planète de la maladie, de la santé et de la guérison. Si une personne est impliquée dans la magie, Mercure sera sa planète. Elle se rapporte au mouvement et donc à certains sports comme la course et la randonnée. Mercure régit également les escrocs et les voleurs.

Si Mercure se trouve dans un signe ou une maison, voici ce qui se passe :

Signe ou Maison en Mercure	
Bélier/Maison I	Pense vite, actif, compétitif, sportif, bon sens de l'humour, éventuellement sarcastique.
Taureau/Maison II	Rigoureux, compétent, doué avec les finances.
Gémeaux/Maison III	Pense vite, excellent communicant, peut être quelque peu névrotique.

Signe ou Maison en Mercure (suite)	
Cancer/Maison IV	Peut travailler à domicile. Peut travailler avec des membres de sa famille.
Lion/Maison V	Bon pour les jeux et les affaires. Bien organisé.
Vierge/Maison VI	Logique, analytique, intelligent, parfois pointilleux.
Balance/Maison VII	Attiré par les arts. Bon agent. À besoin d'une personne à qui parler.
Scorpion/Maison VIII	Un esprit profond et rapide. Bon enquêteur. Intéressé par la santé mentale ou physique.
Sagittaire/Maison IX	Ouvert d'esprit. Manuel. Aime voyager.
Capricorne/Maison X	Penseur lent mais rigoureux. La banque, les affaires et l'argent l'attirent.
Verseau/Maison XI	Personnage original. Des parents inhabituels. Peut parler sans réfléchir.
Poissons/Maison XII	A de grandes idées, mais sont-elles pratiques ?

Vénus

Vénus est la seconde planète la plus éloignée du Soleil. Elle parcourt son orbite en 224 jours. Étant plus proche du Soleil que la Terre, elle a généralement le même signe ou celui qui le précède ou lui succède. Elle peut être à une distance de deux signes du signe solaire, si l'une des deux planètes est à l'extrémité d'un signe et l'autre planète au début d'un autre.

Vénus se réfère à ce que l'on possède, aux valeurs. Elle gouverne aussi l'argent puisque c'est le moyen par lequel on peut acquérir. D'une manière plus générale, on lui attache toutes les choses qui ont une valeur ou une importance, le foyer, la liberté individuelle ou les choses que l'on trouve belles par exemple.

Vénus décrit la manière dont la personne aime ou souhaite être aimée. Mais c'est aussi la planète du luxe, de la relaxation, du bon temps. Elle peut aussi montrer la manière dont une personne a l'habitude de s'habiller et de se présenter devant le reste du monde.

Signe ou Maison en Vénus	
Bélier/Maison I	Les besoins propres de la personne comptent. Elle peut être possessive.
Taureau/Maison II	Sensuel, aime la beauté, talent créatif.
Gémeaux/Maison III	Livres, idées, contact avec les autres. Ses amitiés peuvent être plus simples que ses relations amoureuses.
Cancer/Maison IV	Le foyer, la famille, l'expérience sont importants.
Lion/Maison V	Enfants, relations amoureuses, amusement, musique. Un exutoire créatif est essentiel.
Vierge/Maison VI	Livres, travail productif. Loyal mais pas possessif.
Balance/Maison VII	Amour, luxe, plaisir, beauté. Besoin de justice.
Scorpion/Maison VIII	Très possessif, passionné, profond. L'argent est vital pour son bonheur.
Sagittaire/Maison IX	Sa liberté personnelle est vitale. La vérité et les idées sont ses valeurs.
Capricorne/Maison X	Ambitieux, matérialiste. La réalisation est valorisée.
Verseau/Maison XI	Amitié avec des personnes d'influence. L'éducation est valorisée.
Poissons/Maison XII	Art, musique, créativité. Les matières mystiques et l'amour sont valorisés.

Mars

Mars est la planète suivante après la Terre. Il lui faut environ deux ans pour faire le tour du Soleil. Mars a deux Lunes. Elle exprime la manière dont une personne cherche à obtenir ce qu'elle souhaite. Elle exprime le côté affirmé, masculin d'un individu. Elle peut aussi montrer comment un individu se comporte lorsqu'il tombe amoureux et ce qu'il fait pour obtenir ce qu'il veut (amour et sexe). Les Romains l'appelaient le dieu de la guerre. Mars montre ce pour quoi une personne peut se battre. Elle indique comment nous utilisons notre énergie et à quelles fins.

Signe ou Maison en Mars	
Bélier/Maison I	Résolu, actif, sexy. Peut travailler dans un domaine qui aide la communauté.
Taureau/Maison II	Rigoureux, créatif. Finit ce qui est commencé.
Gémeaux/Maison III	Bavard, intelligent. Travaille dans l'informatique ou dans la communication.
Cancer/Maison IV	Bon bricoleur. Met de l'énergie dans sa vie de famille et dans une entreprise familiale. Mauviette !
Lion/Maison V	Vendeur, travailleur acharné, charismatique, enfantin.
Vierge/Maison VI	Travailleur acharné, bon esprit, bavard, intéressé par la santé et la guérison.
Balance/Maison VII	Très habile avec les choses de l'amour, matérialiste, aime le luxe, bon arbitre.
Scorpion/Maison VIII	Très sexy, intense, possessif, secret.
Sagittaire/Maison IX	La religion et la philosophie sont importantes. Doué en sport. Aime voyager.
Capricorne/Maison X	Ambitieux, travailleur, brillant scientifique ou mathématicien.

Signe ou Maison en Mars (suite)	
Verseau/Maison XI	Bon élève ou bon professeur. Amical, proche de l'humanitaire. Travaille pour le bien commun.
Poissons/Maison XII	Créatif, romantique. Bon nageur. Rêveur. Peut être engagé dans la religion.

Jupiter

Jupiter est la première des planètes lointaines. Constituée de gaz, de poussières et de nuages, elle tourne beaucoup plus vite sur elle-même que la Terre. Parmi sa quinzaine de lunes, quatre sont d'une taille importante. Le signe qui abrite Jupiter à la naissance met en lumière les croyances et les valeurs d'un individu. Il indique aussi si la personne est aventurière et la façon dont elle tente d'élargir son horizon. Dans certains signes, Jupiter incite la personne à jouer ou à prendre des risques, et dans d'autres, elle insuffle la vie à ce qui, sinon, pourrait être une personnalité ennuyeuse. Jupiter est un merveilleux indicateur de la façon dont une personne est susceptible de trouver la chance.

Signe ou Maison en Jupiter	
Bélier/Maison I	Croyances fortes, la vérité lui importe, aime voyager. Peut gagner de l'argent grâce à ses efforts.
Taureau/Maison II	Peut travailler dans le juridique ou le spirituel. Doit veiller à ne pas trop dépenser.
Gémeaux/Maison III	Parler ou écrire lui permettra de gagner sa vie.
Cancer/Maison IV	Une famille nantie, ou chanceux dans son patrimoine.
Lion/Maison V	Le travail créatif et les enfants lui portent chance. Chanceux dans les affaires mais grand dépensier.

Signe ou Maison en Jupiter (suite)	
Vierge/Maison VI	Le travail comme les idées originales sont des véhicules de la réussite.
Balance/Maison VII	Réussite dans le mariage ou les partenariats.
Scorpion/Maison VIII	Les legs, le mariage ou le divorce portent chance.
Sagittaire/Maison IX	Aime les voyages et l'exploration. Les questions spirituelles fascinent cette personne.
Capricorne/Maison X	Probable réussite professionnelle dans le domaine scientifique ou politique.
Verseau/Maison XI	Réussite sous des formes inhabituelles ou par des amis.
Poissons/Maison XII	Les valeurs du sujet sont plus spirituelles que matérielles.

Saturne

Ornée de ses magnifiques anneaux, Saturne est aussi belle que lointaine. Elle possède de nombreux satellites, dont certains sont suffisamment grands pour être considérés comme des lunes. Saturne est la planète que tous les étudiants en astrologie aiment détester. Elle représente les restrictions et les limites. Sa position indique où se trouvent les plus grandes difficultés et les leçons de la vie. C'est souvent en surmontant ces difficultés que nous apprenons à structurer notre vie et à nous en sortir. Saturne représente le travail acharné et le souci du détail. Elle correspond également à la vieillesse et au bonheur à un âge plus avancé.

Signe ou Maison en Saturne	
Bélier/Maison I	Un début de vie difficile, mais le travail acharné porte ses fruits plus tard. Calme et modeste.
Taureau/Maison II	Il faut du temps pour accumuler de l'argent et des biens. Beaucoup de bon sens.
Gémeaux/Maison III	Son éducation est pauvre ou désagréable. Réussite plus tard grâce à l'écriture et à l'enseignement.
Cancer/Maison IV	Début de vie stressant, des parents difficiles. Une bonne vie familiale plus tard.
Lion/Maison V	Les enfants peuvent être un fardeau. Trop travailleur.
Vierge/Maison VI	Beaucoup de travail et de sacrifices pour les autres. Sa santé n'est pas spécialement bonne.
Balance/Maison VII	Mariage avec un partenaire beaucoup plus âgé ou plus jeune. Réussite dans les relations au travail.
Scorpion/Maison VIII	Après un début difficile, réussite dans les affaires et situation économique confortable.
Sagittaire/Maison IX	Doit se garder d'avoir des opinions trop arrêtées. Voyage et reconnaissance loin des siens.
Capricorne/Maison X	Un début difficile puis la gloire et le succès tant qu'il évite d'être malhonnête. Des parents forts.
Verseau/Maison XI	Les amis peuvent influencer sa carrière ou se servir de lui.
Poissons/Maison XII	L'un des parents était difficile. Il doit éviter les canards boiteux.

Uranus

Découverte en 1781, Uranus tourne sur elle-même dans le sens inverse des autres planètes et ses pôles sont couchés sur son plan orbital, si bien qu'elle montre toujours le même pôle au Soleil. Uranus est la planète de la rupture. Elle brise les règles et provoque des bouleversements dans la vie des gens. Uranus régit la créativité, l'originalité et parfois les dons de voyance. Elle est associée à l'enseignement supérieur, à la science, aux inventions et aux nouvelles idées, mais aussi à l'amitié et aux relations, aux idées politiques et à la liberté individuelle. Elle régit aussi les espoirs et les souhaits.

Signe ou Maison en Uranus	
Bélier/Maison I	Rebelle, indépendant ou excentrique. L'amitié compte beaucoup pour lui.
Taureau/Maison II	Fluctuations des biens, de l'argent et des propriétés. Des talents inhabituels.
Gémeaux/Maison III	Une éducation originale ou perturbée. Un talent pour la communication.
Cancer/Maison IV	Circonstances familiales peu communes. Configuration originale du domicile.
Lion/Maison V	Enfants doués, des talents hors du commun. La chance au jeu ou dans le sport.
Vierge/Maison VI	Peut avoir deux emplois. Talentueux.
Balance/Maison VII	Plusieurs mariages, des hauts et des bas dans la vie selon les relations.
Scorpion/Maison VIII	Gains et pertes soudains à la suite d'événements qui concernent les autres.
Sagittaire/Maison IX	Peut se marier avec un étranger ou voyager dans des endroits curieux. Beaucoup d'amis.

Signe ou Maison en Uranus (suite)	
Capricorne/Maison X	Une carrière inhabituelle ou une double carrière. Porté sur l'humanitaire. Idéaliste.
Verseau/Maison XI	Beaucoup d'amis, des intérêts variés. Pourrait être un astrologue.
Poissons/Maison XII	Intuitif, doué de clairvoyance, artistique, musical. Style de vie inhabituel et amis originaux.

Neptune

Neptune est une géante gazeuse très éloignée. En astrologie, elle est associée à la mer et au voyage, mais aussi aux rêves, à l'imagination, la créativité et à l'évasion d'une vie monotone. Elle est reliée à la clairvoyance, l'intuition, le mysticisme, la religion et la spiritualité, à l'art, à la musique, et à tout ce qui rend la vie agréable. Dans sa partie obscure, Neptune nous empêche de voir la vérité, crée de la confusion, des incompréhensions, des illusions, des désillusions et des révélations soudaines. Neptune régit les paradis artificiels, l'alcool ou la drogue. Elle est également connectée à la gentillesse et au bon cœur.

Signe ou Maison en Neptune	
Bélier/Maison I	Créatif, artistique.
Taureau/Maison II	Des hauts et des bas bien curieux concernant la richesse et les biens.
Gémeaux/Maison III	Habile avec les mots, pourrait être médium. Le travail et l'éducation sont instables.
Cancer/Maison IV	La vie au foyer est confuse et la famille peut être difficile.

Signe ou Maison en Neptune (suite)	
Lion/Maison V	Talentueux. Ses enfants, en plus d'être sensibles, le sont également.
Vierge/Maison VI	Attiré par le travail dans le domaine de la santé ou de la guérison. Grand cœur.
Balance/Maison VII	Très heureux ou très malheureux dans les relations. Doit éviter de sauver les canards boiteux.
Scorpion/Maison VIII	L'argent va et vient en fonction des actions des autres.
Sagittaire/Maison IX	Voyager sur l'eau ou une maison au bord de la mer lui apporte chance et tranquillité.
Capricorne/Maison X	Peut travailler dans un domaine artistique, musical ou spirituel. Peut être de bon conseil.
Verseau/Maison XI	Ses amis excentriques l'inspirent et l'amusent. Un style de vie peu commun.
Poissons/Maison XII	Artistique et rêveur, il ne faut pas qu'il perde de vue la réalité. Mystique et éventuellement religieux.

Pluton

Techniquement, Pluton est une planète naine. Sa course elliptique l'éloigne très au-delà de Neptune, puis la fait revenir dans l'orbite de cette dernière. La lune de Pluton, Charon, est immense, au point d'en faire une planète double, un duo de planètes qui tournent autour d'un même centre.

Pluton gère la transformation, jusqu'à la destruction afin de mieux reconstruire. En raison de son association avec l'union et les partenariats, elle est liée aux ressources partagées, à de grosses sommes d'argent, aux impôts, crédits et héritages. L'union peut impliquer également les relations sexuelles et les grandes thématiques familiales comme la naissance et la mort, les gains et les pertes. Elle peut être liée au recyclage, comme l'utilisation d'un objet d'une manière différente de ce pour quoi il a été fabriqué. Cette planète régit les pensées et les sentiments profonds.

Signe ou Maison en Pluton	
Bélier/Maison I	Politicien ou dirigeant au pouvoir pour le bien ou le mal.
Taureau/Maison II	Peut devenir extrêmement riche… ou perdre beaucoup.
Gémeaux/Maison III	Remarquable communicant qui peut gagner sa vie en écrivant ou en enseignant.
Cancer/Maison IV	Une famille puissante, pour le meilleur ou pour le pire. Le passé exerce une forte emprise.
Lion/Maison V	Les enfants ou les entreprises changent sa vie.
Vierge/Maison VI	Peut accomplir beaucoup au nom des autres. Peut être un bourreau de travail.
Balance/Maison VII	Gains ou pertes par le biais du mariage.
Scorpion/Maison VIII	Héritages, hypothèques, impôts, entreprises et mariage apportent leur lot de gains et de pertes.
Sagittaire/Maison IX	Un souhait d'améliorer le monde. Des entreprises étrangères ou l'émigration apportent de l'argent.
Capricorne/Maison X	Succès et pouvoir. Des revers sont possibles.
Verseau/Maison XI	Des idées nouvelles et révolutionnaires conduisent au succès. Des amis puissants sont utiles.
Poissons/Maison XII	Clairvoyant, bon guérisseur. Une vie difficile, animée par le désir d'aider les autres.

Chiron

Chiron est un astéroïde de la classe des centaures utilisé depuis la fin des années 1970. Il régit la santé et les changements dans les partenariats et les relations. Il montre surtout où se trouve la blessure psychologique la plus profonde chez un individu.

Signe ou Maison en Chiron	
Bélier/Maison I	Peut avoir des maux de tête. Peut ne pas être physiquement attrayant. Son manque de confiance en lui est équilibré par le succès qu'il rencontre.
Taureau/Maison II	L'argent ou les biens peuvent manquer. Sa gorge ou son cou peuvent être « faibles ». En développant son bon sens, il évite les situations extravagantes.
Gémeaux/Maison III	Peut avoir des difficultés à l'école, pour se déplacer, ou ne pas apprécier son voisinage. Bronchites possibles. Une formation à l'âge adulte peut remédier à la situation.
Cancer/Maison IV	Peut ne pas aimer son environnement familial ou sa famille. Peut souffrir d'une fragilité des poumons ou de la poitrine. Gagne beaucoup d'argent plus tard dans la vie.
Lion/Maison V	Peut avoir des problèmes avec les jeunes de sa famille. Peut être un joueur malchanceux. Sa colonne vertébrale est faible. La musique fera son bonheur.
Vierge/Maison VI	Le travail peut être dur ou la santé fragile. Problèmes intestinaux. Il finit par trouver l'amour et sa santé s'améliore avec l'âge.
Balance/Maison VII	Les relations peuvent être difficiles. Problèmes de reins, de pancréas ou de vessie.

Signe ou Maison en Chiron (suite)	
Scorpion/Maison VIII	Les relations professionnelles ou personnelles peuvent être difficiles. Ressentiment possible. Problèmes de l'appareil génital. En aidant les autres il s'entoure d'amitié et d'affection.
Sagittaire/Maison IX	Peut se battre avec un système de croyances ou une philosophie. Difficultés avec les étrangers. Hanches et cuisses fragiles. Trouve son système de croyances.
Capricorne/Maison X	Des difficultés avec sa carrière ou les aînés de la famille. Genoux, tibias et mollets fragiles. Peut réussir dans un emploi où la musique est importante.
Verseau/Maison XI	Des difficultés avec l'éducation, le manque d'amis. Chevilles fragiles. Du succès en politique ou en menant des missions humanitaires.
Poissons/Maison XII	Peut être isolé et solitaire. Problèmes de santé au niveau des pieds. Réussit dans un domaine créatif.

8

LES ASPECTS

Les aspects sont des relations angulaires entre les astres vus depuis la Terre. En astrologie, les aspects nous parlent des relations entre les astres. Ils peuvent être collaboratifs et harmoniques ou stressants et dysharmoniques. Un aspect dysharmonique n'est pas totalement négatif puisqu'il contribue à forger le caractère. Certains aspects ne sont pas vraiment mauvais, mais simplement plus difficiles à supporter.

L'orbe est le degré de tolérance de part et d'autre d'un aspect.

Les aspects majeurs

Les aspects majeurs sont les plus utiles. Ils ont une forte incidence sur les individus.

La conjonction

ANGLE DE 0 DEGRÉ AVEC UNE ORBE DE 10 DEGRÉS

La conjonction se produit lorsque deux planètes sont alignées l'une par rapport à l'autre, formant un angle de moins de 10 degrés. L'effet de la conjonction dépend des planètes concernées et de la domination entre les deux astres.

Le sextile

ANGLE DE 60 DEGRÉS AVEC UNE ORBE DE 6 DEGRÉS

Cet aspect, très utile, fonctionne sur le plan logique ou intellectuel, plutôt qu'émotionnel ou romantique.

Le carré

ANGLE DE 90 DEGRÉS AVEC UNE ORBE DE 6 DEGRÉS

Les carrés sont conflictuels, mais ils peuvent forger le caractère.

Le trigone

ANGLE DE 120 DEGRÉS AVEC UNE ORBE DE 6 DEGRÉS

Les trigones sont bénéfiques, leur influence relève de la créativité et de l'amour.

L'opposition

UN ANGLE DE 180 DEGRÉS
AVEC UNE ORBE DE 8 DEGRÉS

Les oppositions impliquent une interaction avec les autres qui peut être bénéfique ou non. Tout dépend des personnalités concernées.

Les aspects mineurs

Leurs effets ne sont pas aussi puissants que les aspects majeurs, mais ils peuvent être étonnamment bénéfiques ou négatifs. Il est donc important de les prendre en considération dans l'étude d'un thème.

Le semi-carré ou octile

DEUX ASTRES QUI FORMENT UN ANGLE DE 45 DEGRÉS, AVEC UNE ORBE DE 3 OU 4 DEGRÉS

C'est un aspect plutôt dissonant, il peut signifier une opposition dans un projet, des retards ou des revers.

Le semi-sextile

DEUX ASTRES QUI FORMENT UN ANGLE DE 30 DEGRÉS AVEC UNE ORBE DE 3 OU 4 DEGRÉS

En dépit du fait que les deux signes sont d'un genre, d'un élément et d'une qualité différents, cet aspect est subtilement bénéfique. Les signes adjacents ont de légères similitudes, et il n'est pas rare que nous ayons le Soleil dans un signe et les planètes dans des signes adjacents, ce qui est plutôt bénéfique.

Le sesqui-carré

ANGLE DE 130 DEGRÉS ENTRE DEUX PLANÈTES

Les deux signes n'ont rien en commun, puisqu'ils ont un genre, un élément et une qualité différents. Cet aspect dissonant peut compliquer la relation aux autres, la santé ou les finances. Il est question de mise à l'épreuve, de volonté, de perturbations importantes.

Yod ou le Doigt de Dieu

Cette expression s'applique à une situation mettant en scène deux sesqui-carrés pour une même planète. Il peut s'agir d'un aspect très difficile qui affecte parfois la santé, les relations et les finances.

Le quintile

ANGLE DE 70 DEGRÉS ENTRE DEUX PLANÈTES

Cet aspect est l'indicateur d'une intelligence et d'un talent déterminés par les planètes et les signes concernés.

* * *

9

LE CORPS ET LA SANTÉ

Éléments et santé

Sans grande surprise, je me suis rendue compte au fil du temps, que les signes de feu sont sujets à des désordres soudains, troubles cardiaques, AVC et anévrismes, par exemple. Ce sont les signes de terre qui vivent le plus longtemps s'ils évitent de fumer et de boire, si leur alimentation est équilibrée et s'ils font de l'exercice. Les signes d'air peuvent souffrir d'affections des voies aériennes et de thromboses veineuses dans les jambes. Les signes d'eau sont sujets à des troubles pulmonaires, digestifs et à des cancers des tissus mous.

Les signes par tradition

La tradition nous apprend que les signes du zodiaque régissent des éléments de notre corps. Le Bélier, par exemple est lié à la tête et le Poissons, aux pieds. Chaque planète est associée à un ou deux signes, ce qui n'est pas non plus sans influence sur notre corps. La santé associée à l'astrologie est un vaste sujet dont voici un rapide tour d'horizon.

Bélier et Mars

Le Bélier et Mars gouvernent la tête, les yeux, le visage, les lèvres, les dents du haut, et même les cheveux, qui peuvent avoir une teinte rougeâtre. Mars est associée aux accidents, à la fièvre et aux maladies soudaines. Le Bélier est un signe de complaisance, qui conduit l'individu à trop manger ou trop consommer d'alcool. Les sports de compétition lui sont bénéfiques. On lui trouve plus tard dans sa vie une tendance aux troubles cardiaques et à la leucémie.

Taureau et Vénus

Le Taureau et Vénus gouvernent les joues, le cou, la gorge, les dents du bas, les cordes vocales et le nez, mais aussi la capacité à se déplacer. Vénus est également liée à la Balance. Vénus est

Illustration du corps astrologique datée du début XVe siècle.

activée en cas de toux et de rhume, et lors d'une blessure de type coup du lapin. Le Taureau peut raffoler des aliments sucrés, jusqu'à ce que des problèmes de poids apparaissent. Pour soulager les tensions, le Taureau devrait se lancer dans le jardinage ou le bricolage. Danser et marcher l'aideront à perdre du poids. Tant que la personne ne fume pas, ses chances de vivre longtemps sont élevées.

Gémeaux et Mercure

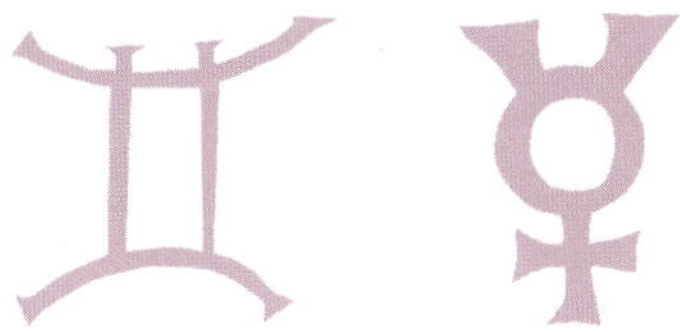

Le Gémeaux et Mercure gouvernent les épaules, les bras, les poignets, les mains, le système respiratoire, les nerfs, le cerveau, les pupilles et le bout de la langue. Mercure est également associée à la Vierge. Mercure passe rétrograde deux ou trois fois par an, et c'est là que des problèmes de santé apparaissent. Visiter de jolis endroits et apprécier de longues promenades favorisent l'équilibre du système nerveux du Gémeaux, à l'instar de sports tels que le badminton, le bowling et la natation douce. La tendance aux bronchites peut parfois mener à la pneumonie.

Cancer et la Lune

Le Cancer et la Lune sont liés aux seins, aux poumons, à la poitrine et au système digestif. Nager, monter à cheval et marcher sont d'excellents exercices pour ce signe, tout comme les activités amusantes, la danse en ligne par exemple. Toutes les formes de cancer, notamment du sein, doivent être traitées rapidement.

Lion et le Soleil

Le Lion et le Soleil gouvernent la colonne vertébrale, le cœur et le plexus solaire. Ils peuvent être associés à la grossesse. Nager, patiner, skier, danser ou, pour les enfants, jouer dans un parc, sont très bénéfiques à ce signe, comme peuvent l'être une alimentation saine et des vacances à intervalles réguliers. L'accumulation de cholestérol peut conduire à l'attaque cardiaque. Plus encore que les autres, ce signe ne devrait pas fumer.

Vierge et Mercure

La Vierge et Mercure gouvernent l'abdomen, les intestins, le colon, les nerfs et la peau. Mercure est également associée au Gémeaux. Une alimentation saine est vivement conseillée plutôt que de grignoter. L'aromathérapie, le massage et tout ce qui peut apaiser les nerfs sont recommandés, tout comme des activités physiques douces (yoga ou jardinage, du bon temps avec les amis, etc.). Il est conseillé de surveiller le côlon pour les risques de cancer. Le diabète est également associé à ce signe.

Balance et Vénus

La Balance et Vénus gouvernent le bas du dos, les hanches, la vessie, les reins et le pancréas. Vénus est aussi associée au Taureau. La Balance aime la danse et les activités douces. Le golf, la pêche, la natation et le badminton l'aideront à rester en bonne santé. Elle aime l'alcool. Ce n'est pas un problème tant que cela reste dans une quantité raisonnable. Elle risque un cancer de la gorge si elle fume. Le diabète est fréquent chez la Balance.

Scorpion et Pluton

Scorpion et Pluton gèrent l'appareil de reproduction, les organes sexuels et le duodénum. Le ressentiment et la colère peuvent avoir une forte influence sur la santé de ce signe ou de cette planète. Le Scorpion devrait pratiquer des sports de compétition comme l'escrime ou le football. C'est un signe qui devra éviter les aliments trop épicés ou les plats frits. Son système digestif est délicat et peut être sujet à des cancers. De même, ses artères auront tendance à se boucher du fait d'une accumulation de cholestérol.

Sagittaire et Jupiter

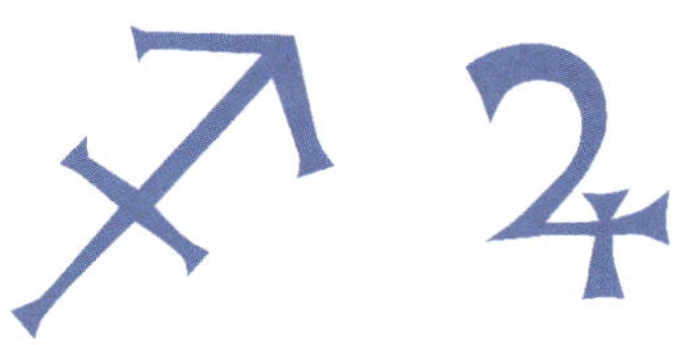

Le Sagittaire et Jupiter gèrent les cuisses, le nerf sciatique et le foie. Les problèmes de santé de ce signe et de cette planète peuvent restreindre les capacités de déplacement de la personne. C'est un signe actif qui aime pratiquer des sports. Le Sagittaire est raisonnable sur le plan de son alimentation, il ne devrait donc pas avoir de problèmes de ce côté-là. Ce qui n'est pas le cas de sa santé mentale, notamment parce que le Sagittaire est du genre à prendre en charge certains membres de sa famille qui auront tendance à abuser de lui et à l'épuiser. La délicatesse de son foie l'invitera à être raisonnable sur le plan de l'alcool.

Capricorne et Saturne

Le Capricorne et Saturne gèrent les genoux, les os, les articulations, les dents, l'audition, la respiration, les poils et la peau. Le Capricorne doit faire régulièrement des cures de calcium et de vitamine D. Il a besoin de marcher, de danser, de faire des activités physiques douces, de courir dans le parc avec les enfants et de ne pas trop s'inquiéter. Cet individu peut avoir une espérance de vie élevée mais attention aux problèmes de cœur.

Verseau et Uranus

Uranus et le Verseau gèrent les mollets, les chevilles, la tension artérielle, la respiration et la circulation. Ce signe est associé aux changements soudains, des maladies ou des accidents peuvent donc se produire d'une manière inattendue. Ce n'est pas un signe qui présente des problèmes de santé en particulier, mais il devra veiller à pratiquer des sports qui ne blessent pas les chevilles. Le yoga, le tai-chi, le karaté ou le judo paraissent appropriés. Cette personne est sujette aux varices et aux thromboses, il est donc préférable qu'elle s'abstienne de fumer et de manger trop sucré pour réduire les risques de diabète.

Poissons et Neptune

Le Poissons et Neptune administrent les pieds, les orteils, l'état mental et les glandes lymphatiques. Le Poissons a tendance à prendre du poids, il lui est donc recommandé de suivre un régime alimentaire équilibré et de marcher, de nager, ou de danser autant qu'il le peut. Le Poissons peut être un très bon danseur avec une préférence pour les musiques rythmées. Il peut apprécier le tai-chi ou le yoga. Il arrive qu'il soit porté sur l'alcool, moins sur la cigarette. Son principal problème tient à sa prise de poids en vieillissant.

10

TECHNIQUES PRÉDICTIVES

Méthodes

Il existe de nombreuses méthodes de prédiction en astrologie mais les plus communément employées sont au nombre de quatre :

1. Les transits : une méthode utilisée par tous les astrologues.
2. Les progressions : une méthode populaire qui consiste à faire progresser d'un an par degré tous les éléments du thème.
3. La révolution solaire et la révolution lunaire. Elles sont très intéressantes mais pas aussi employées que les deux précédentes.
4. L'astrologie élective, tout à fait différente des autres méthodes proposées ici.

Pour rappel, voici les glyphes des signes :

Bélier ♈	Taureau ♉	Gémeaux ♊	Cancer ♋
Lion ♌	Vierge ♍	Balance ♎	Scorpion ♏
Sagittaire ♐	Capricorne ♑	Verseau ♒	Poissons ♓

Le tableau suivant présente les glyphes des planètes. On trouve d'autres éléments dans la représentation du thème, comme les nœuds lunaires, l'ascendant, le milieu du ciel, etc., mais commencez par apprendre cette liste des planètes, les autres symboles viendront s'ajouter petit à petit.

Le Soleil ☉	La Lune ☽	Mercure ☿	Vénus ♀
Mars ♂	Jupiter ♃	Saturne ♄	Uranus ♅
Neptune ♆	Pluton ♇	Chiron ⚷	

Les transits

Les transits sont les mouvements des planètes et des constellations présents dans le ciel à un moment déterminé. L'étude des transits consiste à observer la position des astres dans le ciel à un temps T et d'étudier leur influence sur le thème natal d'un individu.

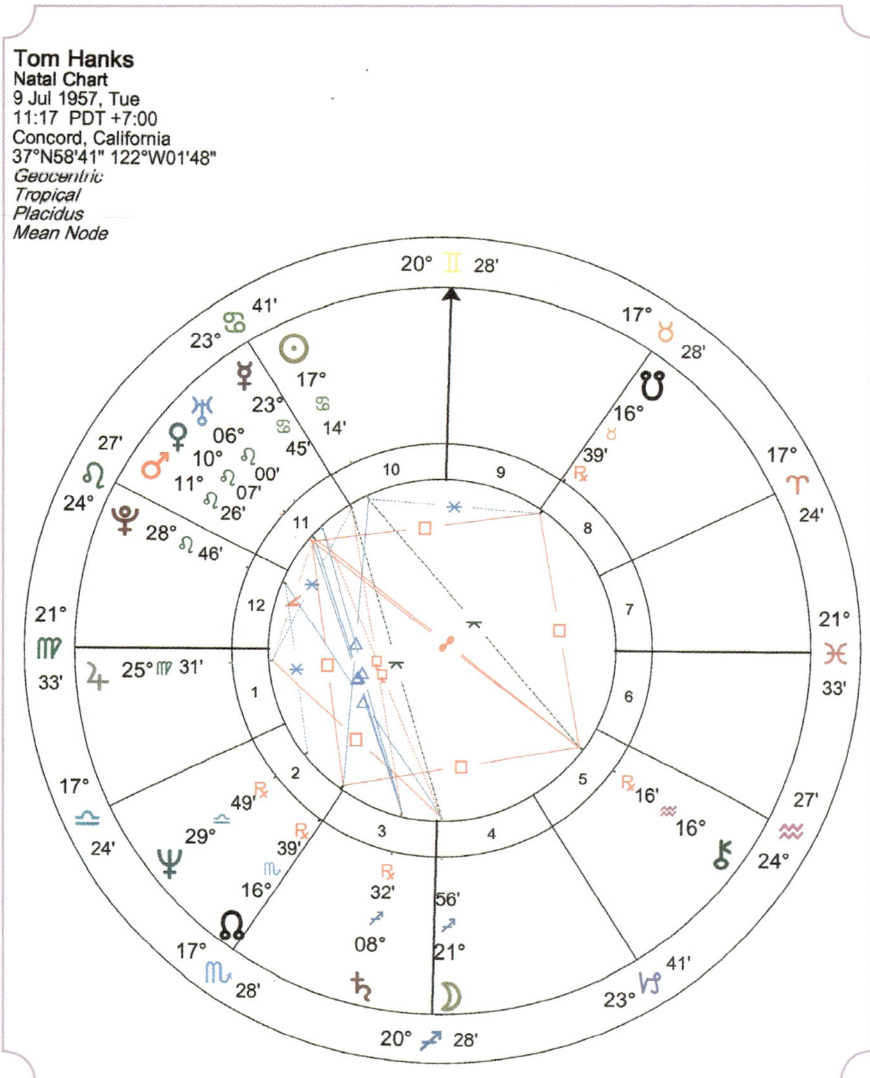

Thème natal de Tom Hanks.

En théorie, il est possible de représenter deux cercles distincts : le premier pour le thème natal et le second pour le transit. Cela étant, cette double représentation compliquerait le travail de prédiction, brouillant la lecture du thème. Le plus simple consiste en fait à réunir sur la même représentation le thème natal au centre et le transit à l'extérieur. Voici le thème de Tom Hanks représenté selon ces deux méthodes.

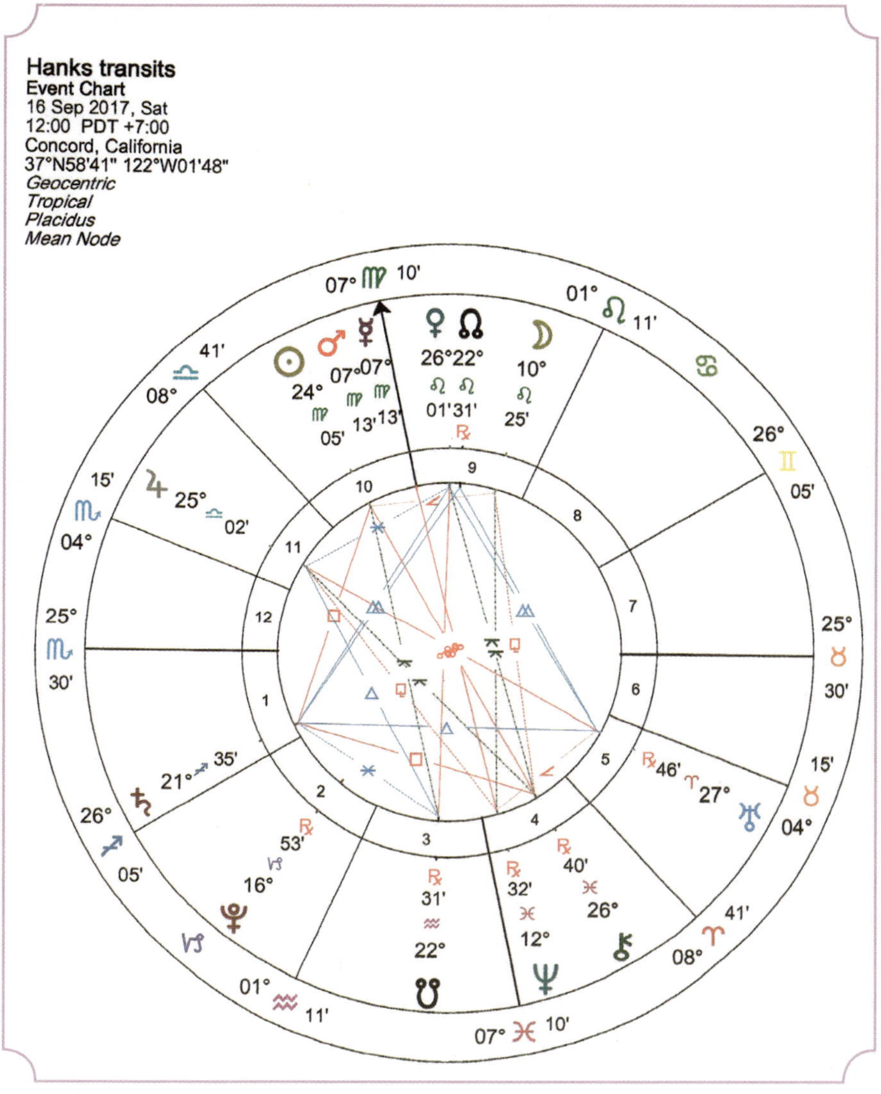

Carte des transits de Tom Hanks.

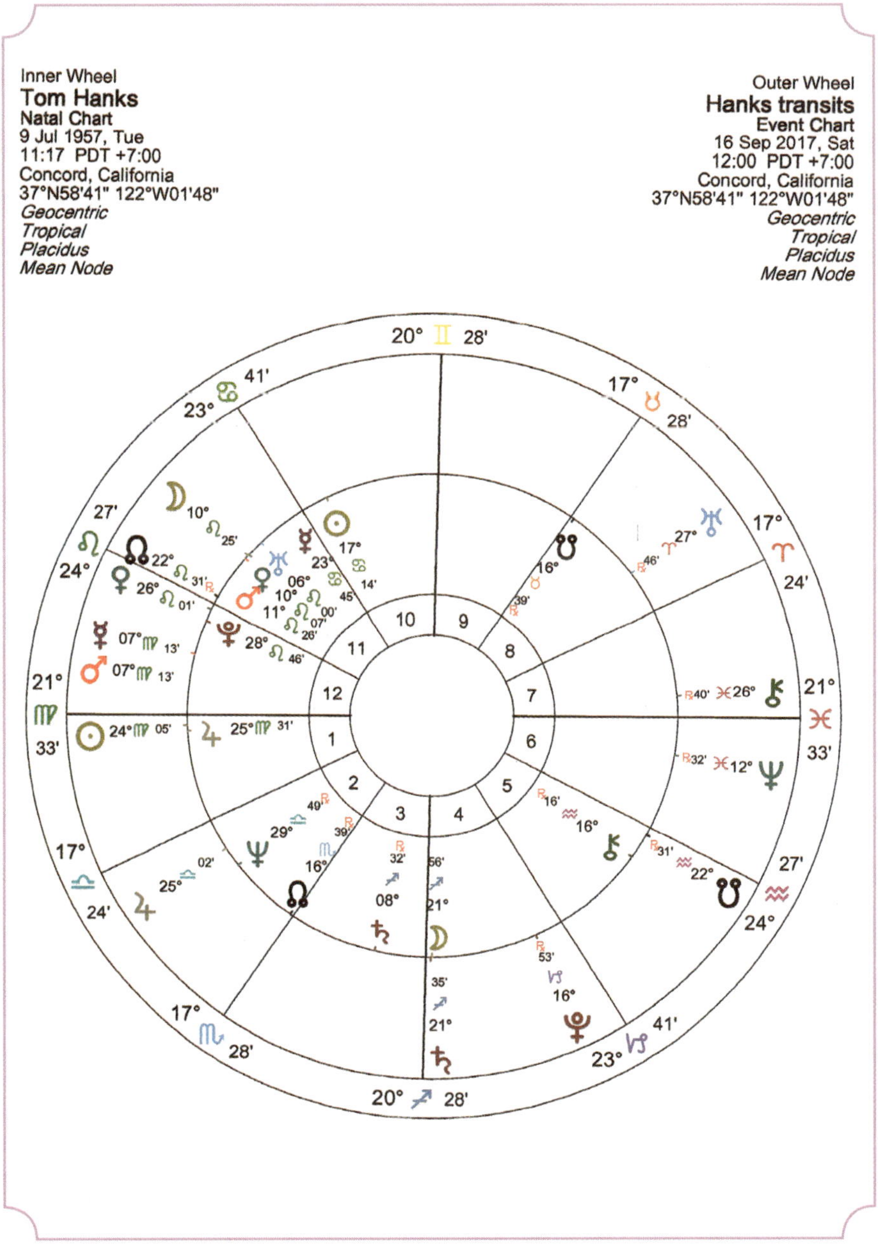

Thème natal et thème à deux roues le 16 septembre 2017 de Tom Hanks.

Grâce à cette méthode, on peut revenir sur n'importe quelle date dans la vie d'une personne, vérifier la situation actuelle ou consulter une date dans le futur.

Les transits de Tom Hanks

Données de naissance	
Date de naissance :	9 juillet 1956
Heure de naissance :	11 h 17, heure locale
Lieu de naissance :	Concord, Californie, États-Unis

J'ai défini la carte des transits à la date à laquelle j'écris ces lignes, c'est-à-dire le 16 septembre 2017, en considérant le lieu de naissance de l'acteur à Concord et l'heure à midi.

POINT DE DÉPART

La carte des transits est *à l'extérieur* du thème natal, c'est elle que nous examinerons. Je démarre l'analyse à l'ascendant et parcours le graphique dans le sens inverse des aiguilles d'une montre. Tom Hanks a pour ascendant la Vierge, ce signe du labeur. Vous verrez que sa Maison I est située juste en dessous de l'ascendant.

Développer une interprétation exhaustive du thème de Tom Hanks prendrait trop de temps et rendrait ce chapitre très ennuyeux, mais je vais tout de même en dresser les premières lignes de manière à vous mettre sur le bon chemin. Voyons à présent quelle planète ou quel élément apparaît en premier lieu après l'ascendant.

Si l'on regarde la roue extérieure, le Soleil est la première planète que l'on note, il est à 24° de la Vierge. Il faut un mois au Soleil pour transiter jusqu'au signe suivant, moment auquel il est près de la fin de la Vierge, en route vers la Balance. Lorsque le Soleil est en Maison I, il constitue un moment d'optimisme

L'horloge astrologique

L'horloge des programmes d'astrologie est configurée sur le système de notation 0 à 24 heures.

et pourrait signifier qu'un bébé, comme un petit-fils ou une petite-fille, pourrait avoir une place dans la vie de l'acteur à ce moment-là. L'ascendant devrait passer plus tôt par le Soleil, laissant augurer l'heure d'un nouveau départ. L'effet du Soleil suggère que quelque chose se prépare et qui vaut la peine d'être accompli. Sans m'en douter, j'ai choisi un moment intéressant de la vie de l'acteur américain.

Observons à présent à quel degré le Soleil se trouve et voyons s'il est aligné avec un élément du thème natal. Le Soleil en transit est à 24° de la Vierge. Ainsi, en faisant le tour du thème, on obtient les aspects suivants :

Le Soleil en transit vient d'entrer en conjonction exacte avec Jupiter, considérée comme la planète de la chance. Jupiter est une planète qui élargit les horizons et transforme en succès tout ce que la personne entreprend. Jupiter en transit est à 25 degrés de la Balance, et par conséquent en conjonction avec Neptune. Cette dernière régissant le monde du cinéma et du divertissement, tout cela est de très bon augure pour Tom Hanks.

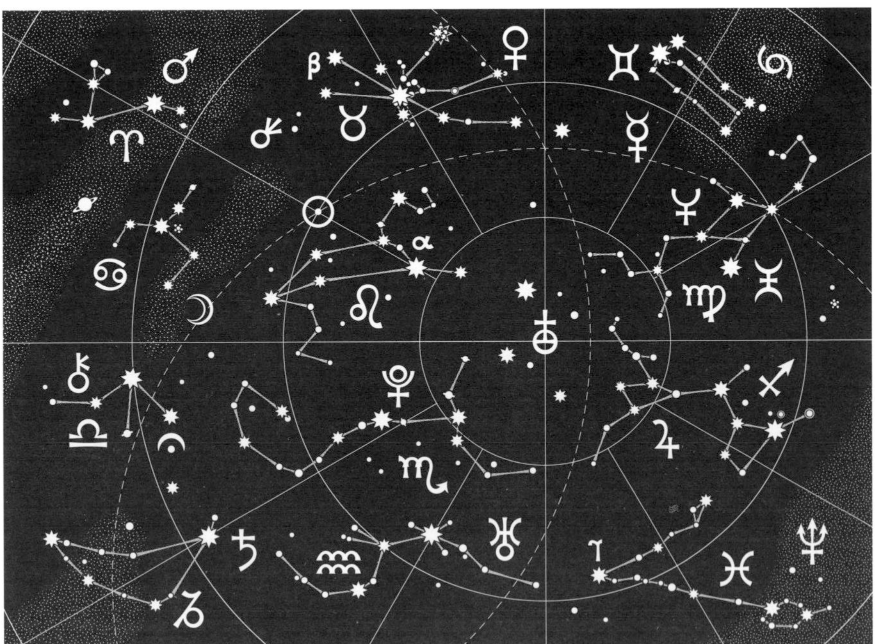

Les constellations du zodiaque.

Saturne en transit est presque en conjonction avec la Lune, en se positionnant à seulement 21 minutes d'un degré de celle-ci. Quelque chose d'utile au foyer ou à la famille de l'acteur va se produire. Ça peut être un événement qui augure d'un succès ou d'une réussite, mais considérant Saturne, cela peut également traduire un moment quelque peu déprimant pour l'acteur. Peut-être regarde-t-il en arrière, vers une époque où sa situation familiale était différente des circonstances actuelles.

Plus important cependant, Pluton en transit est en opposition avec le Soleil natal de Tom, signalant une période de transformation. Le Soleil natal de l'acteur est en Maison X, celle de la réalisation et de l'accomplissement, mais Pluton transite actuellement par la Maison IV du foyer et de la famille. Saturne traversant la Lune combinée par cette opposition de Pluton laissent entendre que des changements vont intervenir dans la vie de Tom et qu'ils ne seront peut-être pas facile à vivre.

Le fait que les nœuds lunaires nord et sud se soient récemment connectés avec son Pluton natal, renforce le sentiment de bouleversement intérieur. L'impression qui se dégage de cette lecture est donc que la carrière de l'acteur va de l'avant, mais que sa situation familiale passe par un moment de trouble.

À présent, si l'on observe le reste du thème, voici ce que l'on découvre :

- Neptune en transit à 12 degrés du Poissons, forme un quinconce avec Mars natal.
- Chiron en transit à 26 degrés du Poissons, forme une opposition à Jupiter natal.
- Uranus en transit à 27 degrés du Bélier, forme un trigone avec Pluton natal mais un quinconce avec Jupiter natal.
- Mars en transit à 7 degrés de la Vierge, forme un carré avec Saturne natal.

En résumé, tout cela montre une période de forte activité pour Tom Hanks, avec un mélange de bonnes choses et de difficultés, une composition très courante dans la vie des uns et des autres.

J'ai laissé la Lune de côté, ainsi que Mercure, Vénus et le Soleil, dans la mesure où elles se déplacent trop rapidement pour laisser leur empreinte. Cela étant, si vous faisiez cette interprétation pour votre compte, il faudrait prendre en considération toutes les planètes, accompagnées du transit de l'ascendant, du milieu du ciel et de toutes les informations qui s'offrent à vos yeux.

Progressions

Le concept des progressions est simple : vous faites évoluer le thème de sa position au jour de la naissance d'autant de jours que les années qui se sont écoulées depuis que la personne a vu le jour. Ainsi, une personne âgée de vingt et un ans aurait un thème qui subirait une progression de vingt et un jours. Dans le cas de Tom Hanks, âgé de soixante et un ans, la progression qui doit être appliquée au thème est de soixante et un jours. C'est une technique très simple à mettre en œuvre avec le premier logiciel d'astrologie venu.

Lorsque l'on travaille avec les transits, les planètes importantes sont les planètes extérieures qui se déplacent lentement. Les planètes intérieures se déplacent trop vite pour laisser une empreinte sur la personne. Dans le cas des progressions, il en va autrement. Par exemple, Saturne, Uranus, Neptune et Pluton ne vont pas se déplacer suffisamment sur quelques années pour marquer une différence importante dans le thème. Dans le cas d'une jeune personne, même Jupiter n'a pas eu le temps de parcourir une grande distance. De plus, lorsqu'une planète est rétrograde par progression, sa progression sera si lente qu'elle donnera même l'impression d'être arrêtée.

Le fonctionnement est identique à celui des transits, on commence par l'ascendant et on s'intéresse aux planètes et aux éléments dont le déplacement a été suffisant pour avoir un impact. Ainsi si nous établissons un thème astral le 07-09-1956, soit 61 jours après la naissance de Tom Hanks, Mercure se trouvera à 11 degrés de la Balance. C'est cette position que l'on comparera au thème de naissance. Cette nouvelle position signifie qu'elle est passée par un aspect trigone avec Chiron natal et Chiron en progression dans le Verseau. Chiron et Mercure témoignent tous deux de problèmes de santé et la Balance nous parle des relations. Il est donc possible qu'une personne qui aime Tom l'ait incité à prendre davantage soin de lui, probablement en raison d'un problème de santé.

La Lune est la planète la plus intéressante dans la prédiction par progression, parce qu'elle montre ce qui se passe au moment de la lecture. La Lune se déplace d'un degré chaque mois, il est donc facile de vérifier le signe, la maison et les aspects pendant une période déterminée.

Révolutions solaires

Une révolution solaire est un thème défini au moment où le Soleil revient à la même position que celle qu'il avait au moment de la naissance du sujet concerné.

Il s'agit donc d'un thème défini à l'heure et au jour du retour du Soleil. Il ne s'agit pas d'une méthode prédictive de premier plan, mais elle donne ce que l'on

Astrologie élective

Si vous avez quelque chose d'important à faire et que vous avez une certaine souplesse quant au jour et à l'heure auxquels vous pouvez le faire, vous pouvez établir des dizaines de thèmes afin de trouver le moment le plus opportun. En pratique, cela ne fonctionne pas très bien, la marge de manœuvre est en effet assez réduite pour trouver le meilleur moment. De plus, s'il y a plusieurs aspects vraiment bons, il y a toujours quelques aspects douteux. En outre, le destin a l'habitude de gâcher ses plans, quel que soit le soin que l'on y apporte. Un vieux proverbe juif dit que « L'homme fait des projets et Dieu rit », et c'est souvent le cas dans ce genre d'astrologie.

pourrait appeler un *sentiment* ou une *atmosphère* de l'année en question. Si votre logiciel prend en charge les révolutions solaires, ne vous privez pas d'en vérifier quelques-unes dans votre passé et voyez si les résultats obtenus sont pertinents.

Révolutions lunaires

Il existe également la méthode des révolutions lunaires, qui ramène le thème au point où se trouvait la Lune au moment de la naissance du sujet. Ces révolutions se produisent tous les mois lunaires. Bien qu'elles ne donnent qu'une atmosphère pour un mois en particulier, c'est une information qu'il peut être intéressant d'intégrer. D'après mon expérience, elles ont tendance à se mettre en marche un peu avant la date réelle du retour et commencent à s'effacer avant le prochain retour lunaire.

❋ ❋ ❋

11

AMOUR ET COMPATIBILITÉ

La compatibilité des signes suscite un vif intérêt du public. La réponse n'est pas tranchée et dépend du thème de chaque individu. Certains aspects entre deux signes solaires donnent cependant des indices sur leur compatibilité ou à l'inverse sur leur incompatibilité. Voici un certain nombre d'idées à creuser, en commençant par les informations les plus basiques. Dans ce chapitre, nous étudions la compatibilité de deux individus en nous intéressant aux aspects formés par leurs astres respectifs, si on devait les positionner sur une même carte.

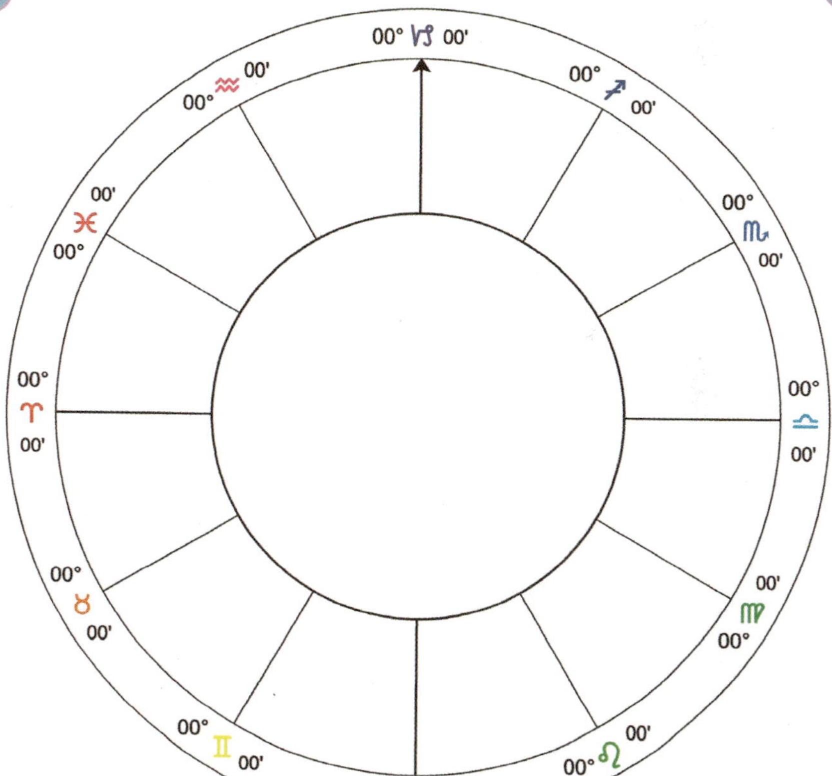

Les signes du zodiaque.

Connexions de signes solaires

Soleil dans les mêmes signes — conjonction

Il semble logique que nous nous comprenions mieux entre personnalités de même signe solaire, mais cette connexion est plus évidente dans le cadre de la famille et de l'amitié que dans celui des relations amoureuses.

Soleil à deux signes de distance — Sextile

La connexion est facile dans la mesure où les deux signes partagent le même genre et que leurs éléments sont compatibles, l'air et le feu ou la terre et l'eau par exemple. Il y a souvent des similitudes dans leurs manières de penser ou de se comporter.

Soleil à trois signes de distance — Carré

La connexion est intense dans la mesure où les signes partagent la même qualité. Il peut y avoir une attirance sexuelle.

Soleil à quatre signes de distance — Trigone

Tous les livres et les magazines considèrent cette connexion comme la relation idéale. En réalité, les deux signes partagent un genre et un élément, ils ont donc

Les signes opposés

Il s'agit d'une connexion courante entre amants, partenaires, amis et collègues, généralement très fructueuse. Les signes partagent le même genre et la même qualité, et bien que leurs éléments soient différents, ils sont compatibles entre eux ; le feu et l'air ou la terre et l'eau, par exemple. Selon les facteurs des deux thèmes, le lien peut être très négatif. Les oppositions sont les suivantes : Bélier/Balance, Taureau/Scorpion, Gémeaux/Sagittaire, Cancer/Capricorne, Lion/Verseau et Vierge/Poissons.

beaucoup en commun mais leur qualité sera très différente. Les trigones relient les signes de feu du Bélier/Lion/Sagittaire, les signes de terre du Taureau/Vierge/Capricorne, les signes d'air du Gémeaux/Balance/Verseau, les signes d'eau du Cancer/Scorpion/Poissons.

Signes solaires à cinq signes de distance — Quinconce

Il est peu probable que cela fonctionne.

La connexion lunaire

Certaines personnes se connectent sur le plan lunaire, il est donc préférable de vérifier le signe sur lequel la Lune se situe. La connexion peut être sur le plan émotionnel entre des individus de même signe lunaire ou de signes aux qualités identiques. Le lien entre les genres et les éléments ne semble pas aussi important que celui des qualités.

Vénus et Mars

Il peut y avoir des connexions entre Vénus et Mars. Elles sont plus déterminantes sur le plan professionnel que sur celui des relations amoureuses.

Le milieu du ciel

Le milieu du ciel peut constituer une connexion importante et constructive dans les relations. N'importe quelle application indique le signe du milieu du ciel. Il est toujours situé dans la partie supérieure du thème. On utilise les initiales MC ou Mc pour le signifier.

Le vertex

Il s'agit d'un point extrêmement sensible du thème, abrégé par les lettres VX ou Vx. Il indique le moment où le sujet va faire face à des situations profondément émotionnelles qui peuvent bouleverser sa vie pour le meilleur ou pour le pire. La nature de la relation et les événements qu'il déclenche seront influencés par le signe en question. Dans un thème natal, le vertex peut mettre l'emphase sur un signe, pour lequel on constate une connexion très forte avec ceux dont le Soleil, la Lune ou l'ascendant se trouve dans ce signe. En astrologie prédictive, il peut être intéressant de vérifier les transits et les progressions qui relèvent du vertex.

* * *

12

CONCEPTS SIMPLES

Les cuspides

La *cuspide* est le point qui débute une maison. Il délimite la fin de la précédente. Une planète sur la cuspide peut être interprétée comme appartenant au tout début ou à la toute fin d'un signe ou d'une maison.

Abréviations	
Asc : Ascendant	Dsc : Descendant
Mc : Milieu du ciel	Ic : *Imum Coeli* ou Fond du ciel
ACG : Astrocartographie	LSA : *Local Space Astrology* ou Espace local astrologique

Pourquoi des jumeaux peuvent-ils être différents ?

Il peut arriver que les jumeaux soient très différents, qu'ils soient identiques ou fraternels. Qu'est-ce que l'astrologie nous révèle à ce sujet ?

De nombreux facteurs et de nombreuses caractéristiques définissent un thème de naissance. Le premier jumeau peut exprimer une partie du thème tandis que le second pourra en exprimer une autre.

Il existe cependant une réponse plus technique. L'ascendant change d'un degré toutes les 4 minutes, ce qui signifie que 12 minutes d'écart entre la naissance des jumeaux conduisent à une différence de 3 degrés pour l'ascendant. C'est suffisant pour que cet ascendant change de signe ou lui conférer un aspect différent avec une planète. La cuspide de la maison pourra elle aussi être légèrement différente, tout comme la position du Mc. Dans tous les cas, cette légère différence peut conduire à de forts écarts de caractère ou de comportement entre les jumeaux.

Les jumeaux sont généralement élevés dans le même foyer, ils vont dans la même école et vivent plus ou moins les mêmes événements dans leur enfance. Ils se marient et ont souvent des enfants à la même époque de leur vie et dans des circonstances similaires. Et le lien qui les unit est souvent très fort pendant toute leur existence.

Ces facteurs sont valables pour toutes les naissances multiples. Chaque enfant est semblable aux autres, et, en même temps, pas tout à fait identique.

LES THÈMES DE VRAIS JUMEAUX

Les jumeaux Kray étaient des gangsters renommés au Royaume-Uni. Leurs thèmes sont bâtis à 20 h 00 et 20 h 10, ce qui laisse imaginer que ces heures ont été arrondies. Peu importe, Reginald Kray est l'aîné de dix minutes.

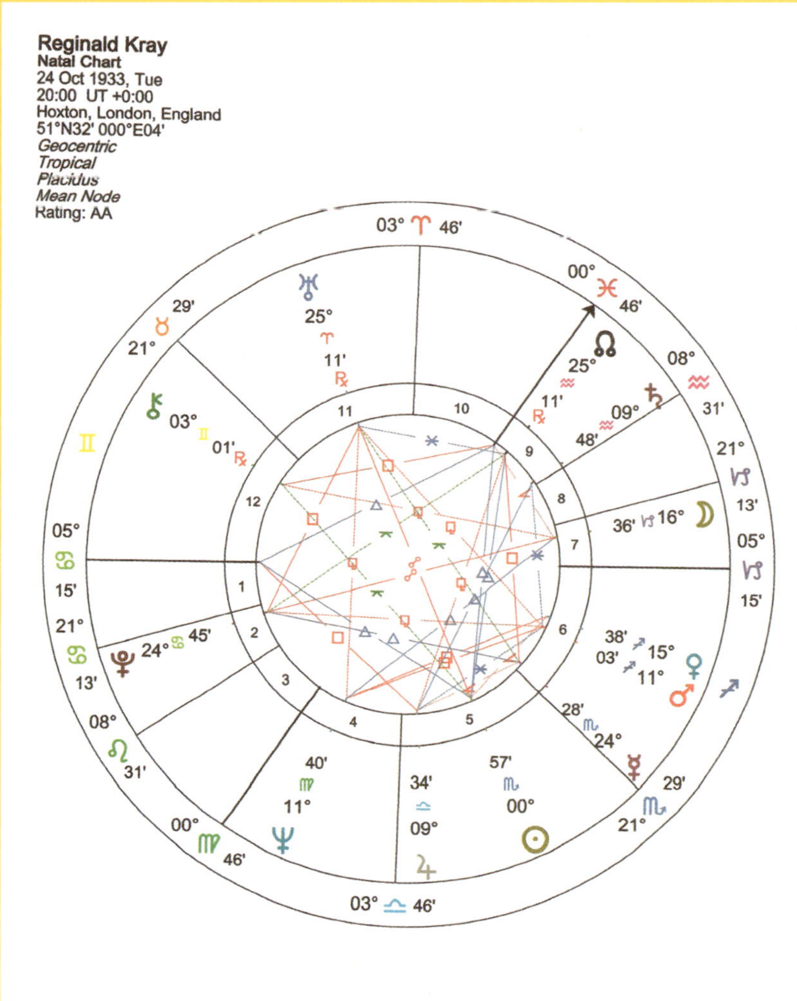

Remarquez la légère différence dans les valeurs de Asc, Dsc, Mc, Ic, et des maisons. Notez aussi que Mercure et Saturne chez Ronald Kray's sont dans des maisons différentes de celles de son aîné, et qu'il y a un quinconce supplémentaire dans le thème de Ronald qui part de l'Asc vers Saturne.

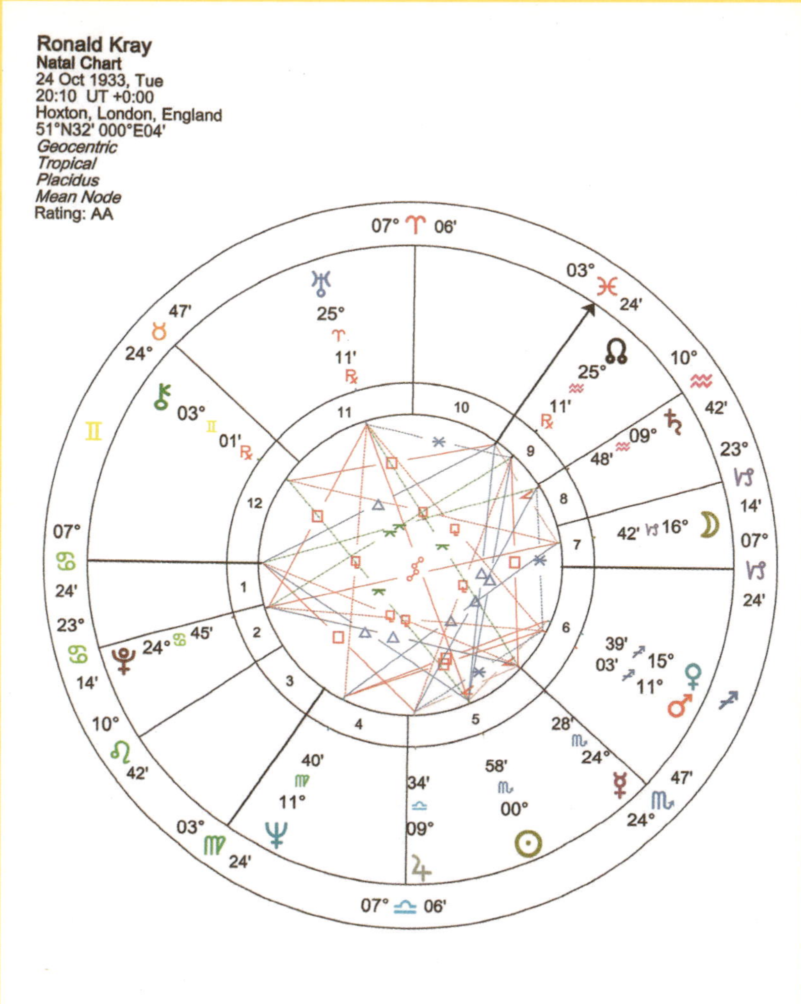

Jumeaux astrologiques

Les jumeaux astrologiques sont deux personnes nées le même jour, proches l'une de l'autre dans le temps et dans l'espace. Sur le papier, ces personnes ont un horoscope et un style de vie similaires. Dans les faits, cette théorie se révèle exacte. Les événements de l'enfance et du début de la vie sont très ressemblants.

Décans

Chaque signe du zodiaque contient 30 degrés, et dans le système appelé *décans*, les signes sont organisés en trois sections, chacune contenant 10 degrés. Si vous observez les membres de votre famille, vous constaterez des liens entre les personnes par signe et décan. Le système peut fonctionner par date plutôt que par degré mais seulement de manière approximative, dans la mesure où les cuspides peuvent être irrégulières.

Système par degré
Premier décan : 0° à 9°
Deuxième décan : 10° à 19°
Troisième décan : 20° à 29°

Système par date
Premier décan : du début du signe à la fin du mois.
Deuxième décan : du 1er au 10e jour du mois.
Troisième décan : du 11e jour du mois à la fin du signe.

Le premier décan est administré par le signe lui-même, le deuxième par le signe suivant dans le même élément, et le troisième par le signe suivant dans le même élément, en faisant le tour du thème jusqu'à ce que chaque signe ait été traité. Le tableau suivant présente les décans.

Décans	
Bélier — Élément feu	Bélier/Bélier Bélier/Lion Bélier/Sagittaire
Taureau — Élément terre	Taureau/Taureau Taureau/Vierge Taureau/Capricorne
Gémeaux — Élément air	Gémeaux/Gémeaux Gémeaux/Balance Gémeaux/Verseau
Cancer — Élément eau	Cancer/Cancer Cancer/Scorpion Cancer/Poissons
Lion — Élément feu	Lion/Lion Lion/Sagittaire Lion/Bélier
Vierge — Élément terre	Vierge/Vierge Vierge/Capricorne Vierge/Taureau
Balance — Élément air	Balance/Balance Balance/Verseau Balance/Gémeaux
Scorpion — Élément eau	Scorpion/Scorpion Scorpion/Poissons Scorpion/Cancer
Sagittaire — Élément feu	Sagittaire/Sagittaire Sagittaire/Bélier Sagittaire/Lion
Capricorne — Élément terre	Capricorne/Capricorne Capricorne/Taureau Capricorne/Vierge

Décans (suite)	
Verseau — Élément air	Verseau/Verseau Verseau/Gémeaux Verseau/Balance
Poissons — Élément eau	Poissons/Poissons Poissons/Cancer Poissons/Scorpion

Les dwadasamsas

Les dwadasamsas sont similaires aux décans mais ici chaque signe solaire est scindé en divisions de 2,5 degrés, chacune d'elles étant appelée *dwadasamsa*, un mot qui nous vient de l'astrologie hindoue ou védique. Le premier dwadasamsa est une répétition du signe solaire lui-même et les autres suivent le sens du thème, pour se finir par le signe qui précède le signe solaire. Voici le Gémeaux :

1er dwadasamsa :	Gémeaux/Gémeaux
2e dwadasamsa :	Gémeaux/Cancer
3e dwadasamsa :	Gémeaux/Lion
4e dwadasamsa :	Gémeaux/Vierge
5e dwadasamsa :	Gémeaux/Balance
6e dwadasamsa :	Gémeaux/Scorpion
7e dwadasamsa :	Gémeaux/Sagittaire
8e dwadasamsa :	Gémeaux/Capricorne
9e dwadasamsa :	Gémeaux/Verseau
10e dwadasamsa :	Gémeaux/Poissons

11e dwadasamsa :	Gémeaux/Bélier
12e dwadasamsa :	Gémeaux/Taureau

Vous avez peut-être constaté que les quatre premiers dwadasamsas sont une décomposition du premier décan, tandis que le deuxième groupe correspond au second décan, et que le troisième groupe correspond au troisième décan. On peut donc légitimement se poser la question de la pertinence de la cohabitation des deux systèmes. D'une manière générale, on préférera les décans aux dwadasamsas.

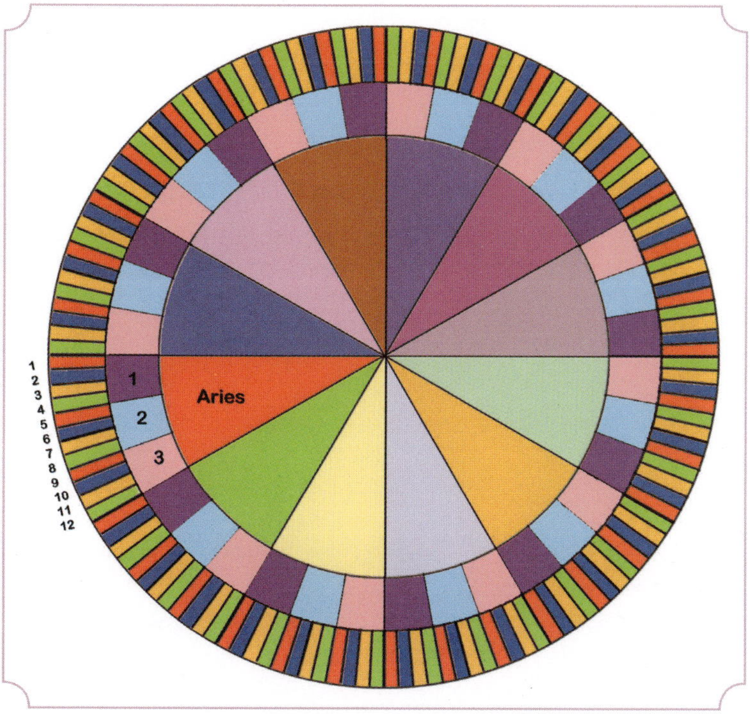

Le cercle intérieur présente les signes.
Le cercle du milieu montre les trois décans de chaque signe.
Le cercle extérieur montre les douze dwadasamsas par signe.

❋ ❋ ❋

13

POUR ALLER PLUS LOIN

Pourquoi l'est se trouve-t-il à l'ouest ?

Quand on regarde un thème, on constate que l'ascendant se trouve sur le côté gauche, dans ce que l'on appelle l'horizon oriental, alors que selon la rose des vents, l'ascendant apparaît à l'ouest. Est-ce logique ? La réponse est simple.

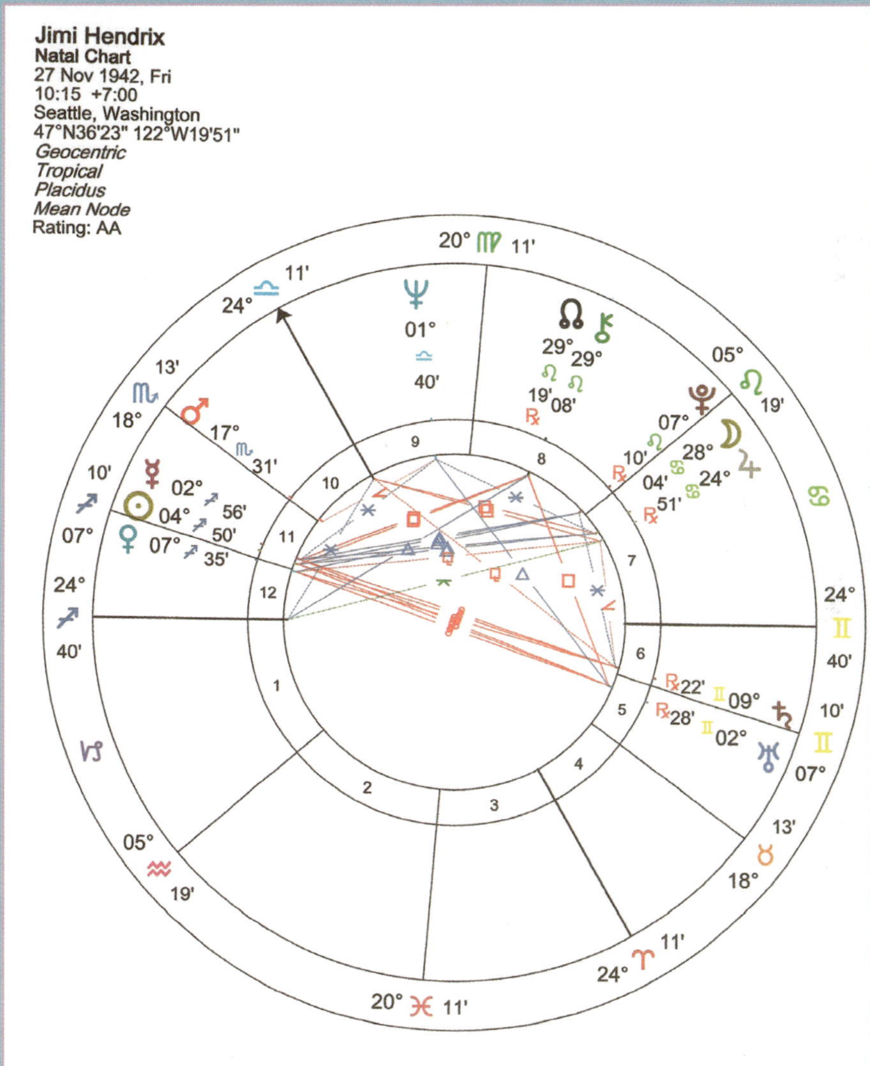

Thème natal de Jimi Hendrix.

Si l'on remonte le cours du temps, les seuls peuples suffisamment érudits pour étudier l'astronomie et l'astrologie vivaient dans l'hémisphère nord (à l'exception des Aztèques). On travaillait alors sur des thèmes comme s'ils étaient orientés face au sud, vers le Soleil et l'écliptique. Si vous vous trouvez actuellement dans l'hémisphère nord, prenez votre thème natal et tenez-le en regardant vers le sud. Vous constatez que l'est est bien à votre gauche, comme le montre le thème. La représentation graphique des thèmes astraux se construit en montrant la direction du sud, en haut de la carte, à l'inverse des représentations géographiques classiques.

Ascension longue et ascension courte

Nous savons qu'il faut vingt quatre heures à la Terre pour faire un tour sur son axe. La vie des astrologues serait plus simple si chaque signe mettait deux heures à accomplir son parcours. Mais la Terre n'est pas aussi droite que nos atlas le montrent. En réalité, son axe est incliné de 23,43 degrés par rapport à la perpendiculaire. Ce qui signifie que l'écliptique forme un angle par rapport à l'équateur, modifiant le temps de passage des signes. Cet effet est d'autant plus évident lorsque l'on s'éloigne de l'équateur. Si vous visitez le pôle Nord ou le pôle Sud pendant l'été, vous verrez que le Soleil ne se couche jamais, tandis qu'en hiver il ne se lève pas, de sorte qu'à ces moments-là de l'année, l'ascendant est invisible!

Si nous ajoutons à cela le facteur de la durée inégale de passage des signes sur l'ascendant, cela accentue la fugacité de certains signes et la lenteur d'autres signes dans le cadre de la relation qui unit la Terre, le système solaire et les signes du zodiaque. En France, le signe du Cancer peut mettre trois heures pour traverser l'ascendant à certains moments de l'année, tandis que celui des Poissons mettra entre 15 et 45 minutes selon les périodes. Par conséquent, en France, le Cancer est un signe surreprésenté à l'ascendant et les ascendants Poissons sont plus rares. C'est la même chose dans les pays situés au-delà de 45 degrés de latitude nord.

Voici la structure courante en France, et dans l'hémisphère nord en général :

Bélier : court	Taureau : moyen	Gémeaux : long	Lion : long
Cancer : le plus long	Vierge : long	Balance : assez long	Scorpion : moyen
Sagittaire : assez court	Capricorne : plus court	Verseau : court	Poissons : le plus court

Dans l'hémisphère sud, c'est l'inverse, le Capricorne devient le signe dont l'ascension est la plus lente et la Vierge la plus courte. Voici ce qui se passe lorsque l'on passe sous l'équateur :

Balance : court	Scorpion : moyen	Sagittaire : long	Capricorne : le plus long
Verseau : long	Poissons : long	Bélier : assez long	Taureau : moyen
Gémeaux : court	Cancer : court	Lion : court	Vierge : le plus court

Planètes rétrogrades

Les Anciens croyaient que le Soleil tournait en orbite autour de la Terre. Nous savons aujourd'hui qu'il est au centre du système solaire et que nous habitons l'une des planètes qui tournent autour. Parfois, on a l'impression de bouger plus vite qu'une autre planète, ce qui donne l'illusion que cette planète « recule » dans le ciel. On dit alors qu'elle est dans un *mouvement rétrograde*, parfois signifié par la lettre R et par une ligne rouge qui part de la planète.

Le Soleil et la Lune ne sont jamais rétrogrades, mais toutes les autres planètes ont des rétrogradations à un moment ou à un autre. Les planètes les plus éloignées comme Jupiter ou Pluton sont rétrogrades lorsque le Soleil est plus ou moins dans le signe opposé à celui de la planète concernée. Ceci s'explique par le fait que la Terre est toujours dans le signe opposé au Soleil et dans la mesure où nous nous déplaçons plus rapidement que les planètes lointaines, nous les dépassons un peu comme un TGV dépasserait un train régional. On a donc l'impression que la planète dépassée fait marche arrière. Avec les planètes intérieures, les choses se passent un peu différemment, le Soleil n'ayant pas besoin d'être dans un signe opposé pour qu'elles soient rétrogrades.

Si vous analysez le thème de Jimi Hendrix, en plus des nœuds, vous verrez Uranus, Saturne, Jupiter et Pluton rétrogrades. Si l'on y ajoute un certain nombre d'aspects en carré et en opposition, il apparaît très clairement que la vie de ce génie a été extrêmement troublée dès ses premières heures.

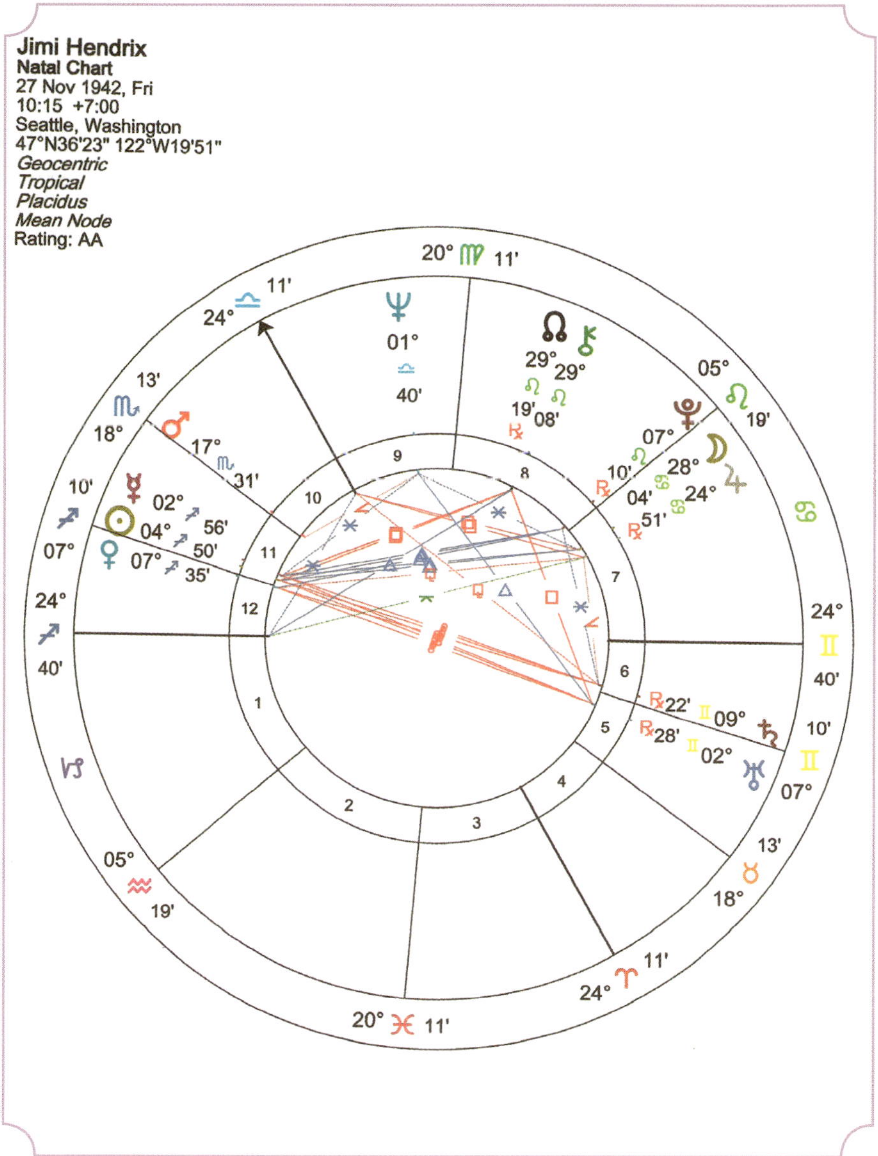

Planètes rétrogrades du thème natal de Jimi Hendrix.

Nœuds lunaires

La Lune croise le plan écliptique sur une trajectoire ascendante, puis, deux semaines plus tard, le croise de nouveau en suivant une trajectoire descendante ; deux nouvelles semaines s'écoulent avant qu'elle ne le croise encore sur un plan ascendant, et ainsi de suite. Les points de croisement sont appelés des *nœuds*. Le symbole de ces nœuds ressemble à une anse, boucle vers le haut lorsqu'il s'agit d'un nœud nord et vers le bas pour un nœud sud. Très souvent, seul le nœud nord est représenté par les logiciels, comme on peut le voir sur le thème de Jimi Hendrix. On peut cependant déduire la position du nœud sud, à l'opposé du nœud nord.

La théorie des nœuds nous vient de l'astrologie hindoue, dans laquelle le nœud nord est appelé *Rahu*, ce qui signifie *tête du dragon*. Le nœud sud est appelé *Ketu*, la *queue du dragon*. Théoriquement, le nœud sud est lié à nos vies antérieures. Il est question ici des domaines de la vie auxquels nous pouvons faire face sans difficulté (parce que nous les connaissons déjà). À l'inverse, le nœud nord nous montre les leçons que nous devons apprendre au cours de notre incarnation actuelle. Cette théorie fonctionne relativement bien. J'ai d'ailleurs constaté que lorsqu'une personne naît avec un de ces nœuds en conjonction avec une planète de son thème natal, cette personne connaîtra la célébrité et, selon la planète en question, pourra même devenir riche.

Certains astrologues occidentaux nous disent que ce que nous faisons lorsque le nœud nord en transition est en conjonction avec une planète natale, nous facilite la vie et que ce que nous entreprenons à ce moment-là se passera bien. Et inversement avec le nœud sud. Il existe cependant des systèmes asiatiques et orientaux qui disent précisément le contraire.

J'ai constaté que les transitions vers les nœuds déclenchent des questions relatives à la famille et aux propriétés.

Les nœuds des planètes

Toutes les planètes (à exception du Soleil) traversent l'écliptique de temps en temps, bien que cela puisse prendre quelques siècles pour certaines. La plupart des astrologues ne s'intéressent pas à ces nœuds.

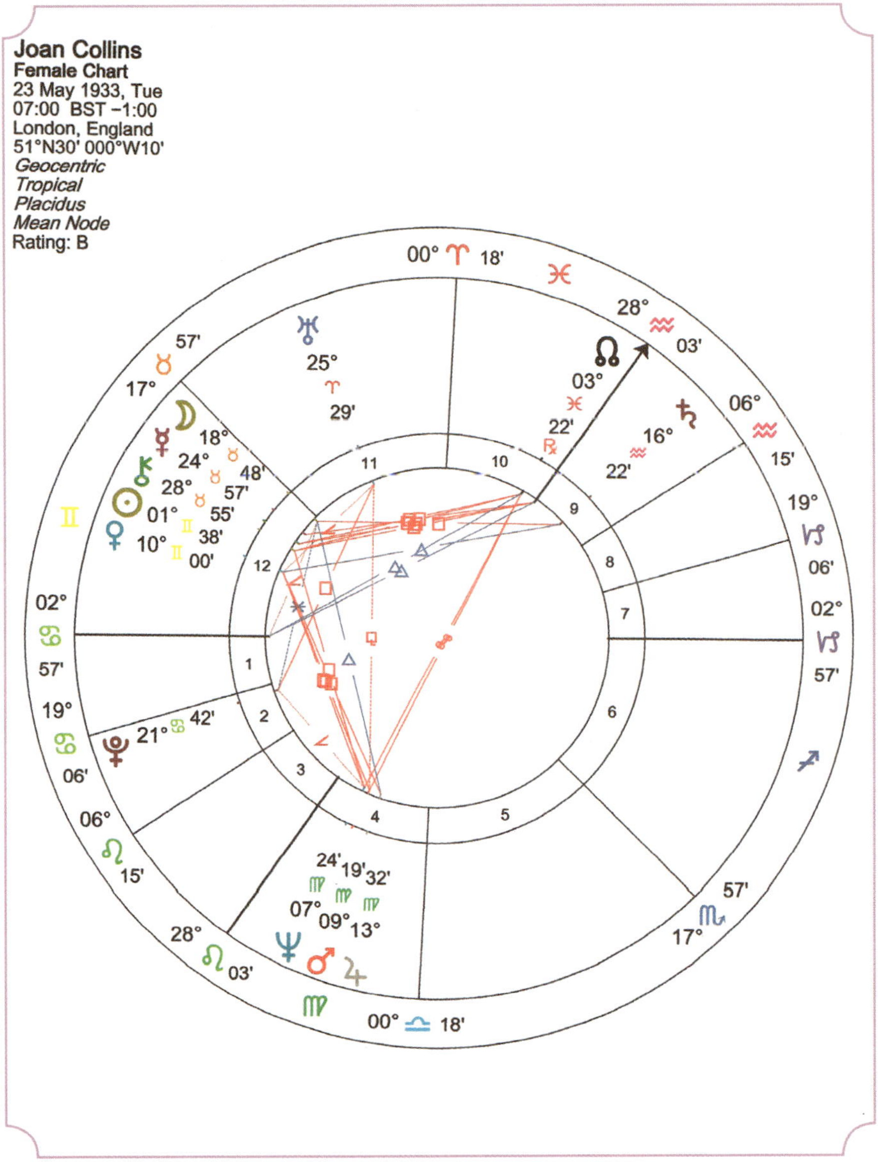

Thème de l'actrice anglaise Joan Collins, représentant les nuds lunaires.

Parallèle et contre parallèle

Lorsque deux planètes sont au même niveau au-dessus ou au-dessous du plan écliptique, on dit qu'elles sont parallèles. Lorsque l'une est au-dessus et l'autre au-dessous du plan écliptique, on dit qu'elles sont contre-parallèles.

Mi-points

Vous pouvez prendre n'importe quelle planète ou n'importe quel élément d'un thème et choisir une autre planète ou un autre élément, pour déterminer le point médian qui les sépare. Ce n'est pas une tâche compliquée bien que chronophage si vous le faites à la main. Mieux vaut laisser le logiciel le calculer. Les mi-points sont des points sensibles qui seront activés si une planète lointaine porte un meilleur aspect sur eux. Si vous vous trouvez en présence de planètes qui sont à deux signes d'écart, la Vierge et le Scorpion par exemple, vous trouverez une suite de mi-points dans le signe qui les sépare, ici en Balance. Toute planète en transit en Balance ou dans un signe opposé (Bélier) aura un effet impactant. Pour que d'autres aspects soient ressentis, on aura besoin d'une planète externe puissante.

Rectification

La *rectification* permet de trouver l'ascendant et les maisons lorsqu'on ne connaît pas l'heure de naissance. Ce n'est pas une opération simple mais voici quelques astuces qui devraient vous aider. Imaginons que votre heure de naissance soit vague.

1. Si votre mère ou un membre de votre famille est en vie, demandez-lui si vous êtes né dans un hôpital. Si c'est le cas, demandez si quelqu'un se souvient quel repas votre mère a mangé après votre naissance (petit-déjeuner, déjeuner ou dîner). À l'hôpital, les repas sont généralement servis à 6 h 00, midi et 18 h 00. C'est déjà une première indication.

2. Si vous avez une vague idée de l'heure de votre naissance, écrivez la plage horaire approximative et composez le thème en le basant sur l'heure moyenne de cette plage.

3. Repensez à des incidents mémorables de votre vie, un accident par exemple qui vous a conduit à l'hôpital. Observez maintenant le Mc et déplacez-le en avant d'un degré par an, regardez s'il peut former un carré ou une opposition avec Mars ou Uranus à l'âge auquel vous avez eu cet accident. Si l'aspect indique que l'accident a eu lieu deux années avant sa date réelle, reculez le Mc (Milieu du ciel) de 2 degrés et recalculez le thème avec la nouvelle position du Mc. Si l'aspect tend à indiquer que l'accident a eu lieu deux ou trois ans plus tard, ajustez de nouveau le thème pour corriger cette erreur.

4. Si l'incident en question relevait d'un déménagement, d'une maladie, de la mort d'un membre de la famille, d'une période heureuse, de vacances merveilleuses, sélectionnez la planète appropriée ainsi qu'un aspect adapté pour correspondre à cet événement.

5. D'autres opérations peuvent être menées. Par exemple, les transits ou les progressions, ou des formes spécifiques de progression telles que les *arcs solaires* peuvent être très utiles.

Si la personne n'a aucune idée de l'heure de sa naissance, configurez le thème à midi le jour de sa naissance. Déplacez le Mc vers l'avant et vers l'arrière jusqu'à ce que des connexions commencent à se former les unes après les autres. Observez ensuite les transits et les progressions pour les moments inoubliables de son existence.

Progressions symboliques et arcs solaires

Les progressions symboliques d'un degré par an sont très simples à mettre en œuvre : il vous suffit d'avancer ou de reculer d'un degré pour chaque année de vie. Les arcs solaires sont un peu plus complexes, dans la mesure où l'on déplace vers l'avant les éléments sur le thème au taux de progression du Soleil, soit 57 minutes par an, presque un degré (composé de 60 minutes).

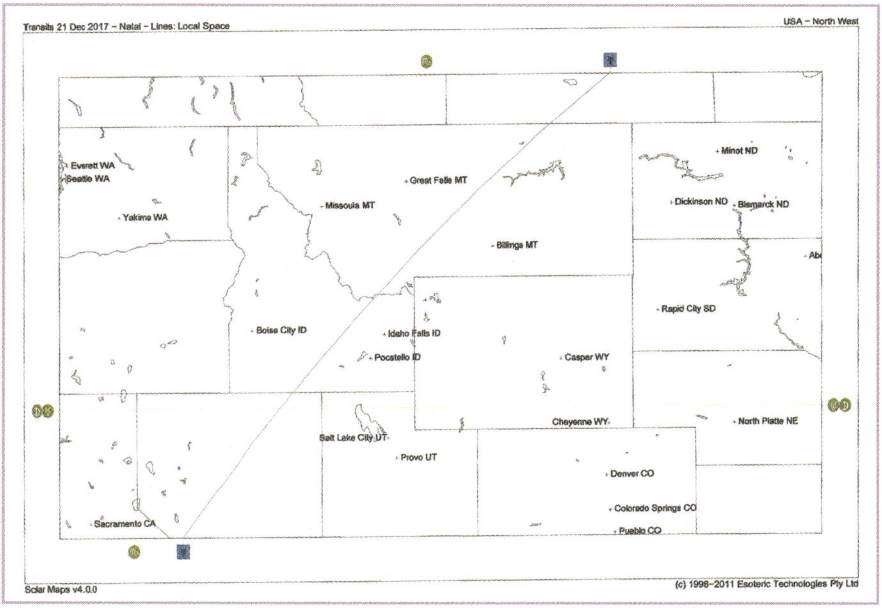

Exemple d'astrocartographie.

Astrocartographie

L'astrocartographie, ou ACG, est un système qui est apparu aux États-Unis en même temps que les premiers ordinateurs personnels (PC). La manière la plus simple d'illustrer l'ACG consiste à placer un ballon sur une étagère et de l'éclairer avec une lampe de poche. À présent, pivotez le ballon doucement vers la droite et constatez le déplacement de la frontière entre la lumière et l'obscurité à la surface de l'objet. Vous imitez là le rayonnement du Soleil à la surface de la Terre.

Faites preuve d'imagination pour intégrer ce qui suit. Le bord avant de la progression du Soleil à la surface de la Terre est appelé *ligne de levée*; l'autre bord est appelé *ligne de coucher*. Si l'on imagine maintenant une ligne qui court tout autour du ballon en partant du point où le Soleil est le plus brillant, qui passe par la partie supérieure du ballon, puis par l'arrière et par-dessous avant de revenir au point le plus brillant, vous regardez la *ligne Mc* du Soleil et imaginez sa *ligne Ic* (Fond du ciel), qui passe par l'arrière du ballon.

Chacune de ces quatre lignes nous raconte une histoire, qui ressemble à l'histoire des quatre principales cuspides d'un thème natal. Par exemple, la ligne

de levée représente l'ascendant ou la cuspide de la Maison I, ainsi quel que soit l'endroit où tombe cette ligne, vous pourrez avoir un impact. La ligne Ic est comme la cuspide de la Maison IV, elle représente les possibilités d'une vie familiale heureuse, tandis que la ligne Mc montre où vous pouvez avoir du succès professionnel. La ligne de coucher est comme la cuspide de la Maison VII, et donc l'endroit où vous pouvez vous attendre à des relations heureuses.

Les problèmes s'amplifient si l'on considère que jusqu'ici seul le Soleil a été pris en compte et que chaque planète et même chaque nœud lunaire doit être pris en considération. Il convient donc d'intégrer la nature de chaque planète. Par exemple, si vous décidez de vivre dans un endroit où Uranus a sa ligne Ic, la vie de votre foyer sera riche bien que perturbée.

Si vous faites régulièrement des affaires avec des personnes situées à l'endroit où l'on trouve la ligne Mc de Jupiter, votre travail sera fructueux mais vous serez peut-être contraint à un développement trop fort et trop rapide.

Il convient également de prendre en considération les *parans*. Il s'agit de lignes horizontales qui indiquent que quelque part le long de cette ligne, une planète est connectée avec la ligne de levée, de coucher, la ligne Mc, ou la ligne Ic.

L'espace local astrologique

L'espace local est un concept plus simple à comprendre que l'astrocartographie. Il fait référence à ce que l'on appelle l'*altazimuth*, qui signifie grossièrement « à quelle hauteur et à quelle distance » se trouve quelque chose. Là encore, il convient d'utiliser son imagination pour comprendre de quoi il retourne. Imaginez ainsi qu'au moment de la naissance d'un bébé, celui-ci s'assied et regarde les planètes dans le ciel, puis dessine une ligne qui part vers le bas depuis chaque planète, qui le rejoint avant de traverser le reste du monde.

Chaque ligne planétaire revêt une signification, mais contrairement au système astrocartographique, on ne dispose pas d'une ligne planétaire par aspect de la vie. Ainsi, la ligne de Vénus s'applique à tous les champs de la vie et pas uniquement à l'image de la personne, sa vie à la maison, sa vie amoureuse ou sa carrière.

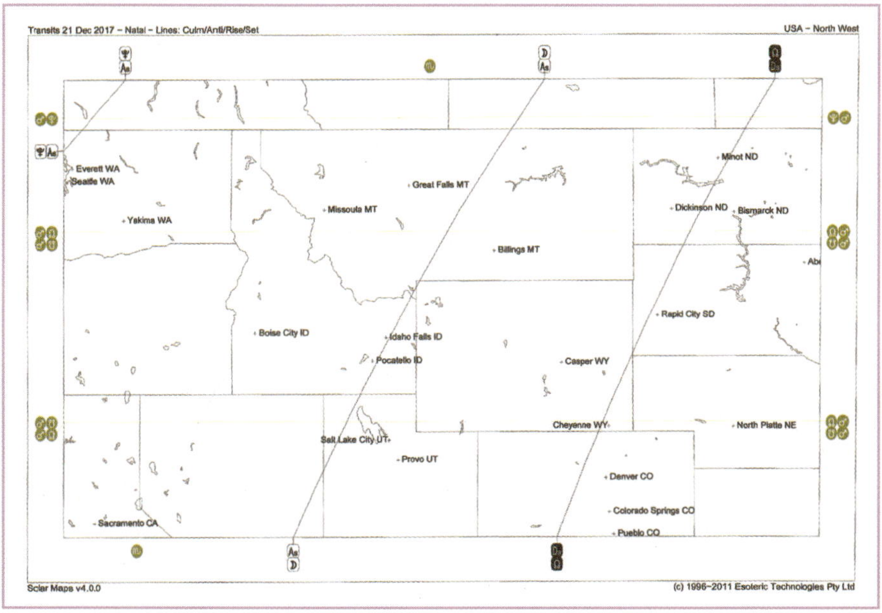

Un exemple de thème construit sur l'espace local astrologique.

Astro géodésie

Ce système était utilisé par les anciens astrologues pour découper la Terre en segments, chacun étant régi par un signe différent. Aujourd'hui, plusieurs systèmes sont utilisés, certains relativement simples et d'autres extrêmement complexes.

Les dignités

D'anciennes formes d'astrologie utilisent le concept des dignités, selon lequel les planètes fonctionnent mieux dans certains signes. En général, le système n'implique que les planètes visibles à l'œil nu. Il existe d'autres divisions de ce genre, mais le tableau ci-dessous présente les principales :

Planète	Domicile	Exaltation	Chute	Exil
Soleil	Lion	Bélier	Balance	Verseau
Lune	Cancer	Taureau	Scorpion	Capricorne
Mercure	Gémeaux/Vierge	Vierge	Poissons	Sagittaire/ Poissons
Vénus	Taureau/Balance	Poissons	Vierge	Bélier/ Scorpion
Mars	Bélier/Scorpion	Capricorne	Cancer	Taureau/Balance
Jupiter	Sagittaire/Poissons	Cancer	Capricorne	Gémeaux/ Vierge
Saturne	Capricorne/Verseau	Balance	Bélier	Cancer/Lion

Astrologie traditionnelle et astrologie horaire

Il s'agit de la forme la plus ancienne d'astrologie. Elle réclame un cours à part entière. Elle exploite les dignités, et bien d'autres facteurs dont on dit qu'ils influencent la manière dont les planètes fonctionnent. Publié en 1647, *Christian Astrology* par William Lilly est l'ouvrage de référence en la matière.

L'astrologie horaire est une branche de l'astrologie traditionnelle dont elle emploie les méthodes pour répondre aux questions. Seules les planètes visibles à l'œil nu sont prises en compte. Les principes de cette méthode sont complexes.

Astrologie arabe

L'astrologie arabe est fondée sur le thème natal. Elle est fondée sur des calculs de points dans le thème que l'on appelle les «parts arabes». Ces parts dont le calcul fait intervenir deux planètes et souvent l'ascendant, sont interprétées selon leurs positions et significations propres. Par exemple, la *part de fortune* est trouvée en déduisant la position du Soleil de celle de l'ascendant et en ajoutant

LA PART DE FORTUNE

Je viens de lire une interprétation intéressante de ce sujet, dans laquelle l'auteur suggère qu'elle représente le germe de la vie, les premières expériences et même les problèmes issus des vies antérieures, ainsi que (selon ses propres termes) l'instinct primitif, l'inconscient et le destin.

Pour ma part, j'ai toujours lu cette part de fortune d'une manière beaucoup plus évidente, la considérant comme étant le point du thème indiquant que la progression du sujet peut être relativement simple. Cela peut être un point qui évoque la chance, même si celle-ci n'est pas présente par ailleurs dans le thème. Je pense également que la maison qu'elle occupe est bien plus importante que le signe. Un ami dont la part de fortune se trouve en Maison X, me disait: « La seule chance à laquelle je peux prétendre, c'est celle que m'offre mon travail !»

Comme vous le voyez sur le thème de la page suivante, la part de fortune de John F. Kennedy était en Maison IV, celle de la famille et de l'héritage, sous le signe laborieux et ambitieux du Capricorne.

la position de la Lune. Si le sujet est né la nuit, il conviendra de déduire la Lune et d'ajouter le Soleil. Vous trouverez des logiciels qui effectuent ces calculs automatiquement, et qui présentent les positions des éléments sur votre thème.

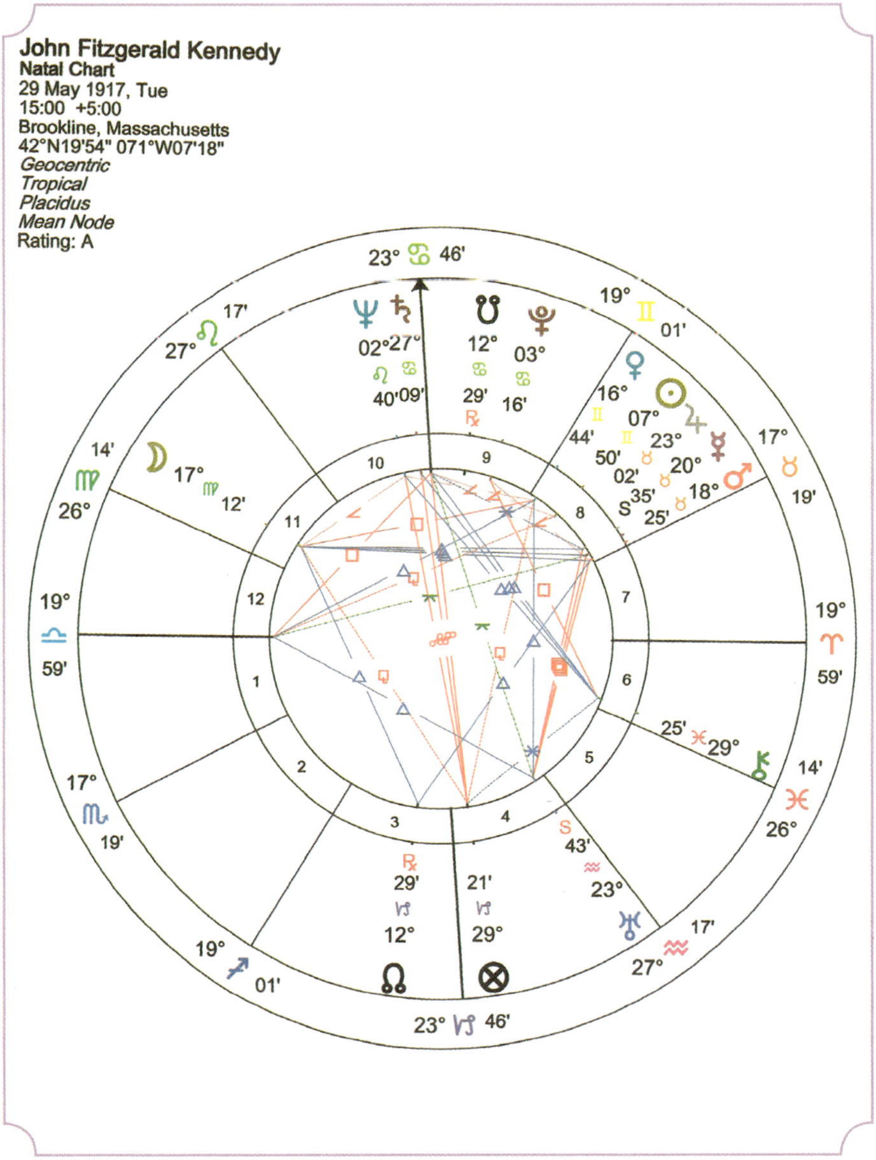

La part de fortune

Étoiles fixes

C'est le nom que les Anciens donnaient aux étoiles, par opposition aux planètes. Les astrologues de l'Antiquité considéraient les étoiles comme statiques ou fixes. Nous savons aujourd'hui que les étoiles sont des soleils, et que notre propre Soleil est relativement insignifiant au regard de la galaxie et des milliards d'étoiles, de galaxies et de planètes qui composent l'univers. Il se trouve que notre galaxie tourne et que notre système solaire se déplace, si bien que, si nous considérons un temps long, vu de notre ciel même les étoiles fixes se déplacent.

Précession des équinoxes

Les idées développées ici sont liées au paragraphe précédent. L'axe de rotation de la Terre bouge très lentement dans un mouvement de toupie. Cela a pour effet de faire reculer un peu chaque année le point vernal. Le point vernal est la projection dans le zodiaque des constellations, de la position du Soleil au moment du solstice du printemps. Ce point recule d'un signe tous les 2 160 ans environ. Par exemple, au cours des deux derniers millénaires, le point vernal se situait, et se situe toujours, dans le signe des Poissons, ce qui fait dire que nous sommes dans l'ère des Poissons. Dans le courant du début de ce millénaire, il se situera dans le signe précédent, le Verseau, ce qui débutera l'ère du Verseau. Certains disent que cela s'est déjà produit et date l'évènement à juillet 1969, lorsque Neil Armstrong a posé le pied sur la surface de la Lune, mais astronomiquement, cela n'est pas exact.

Astrologie tropicale et sidérale

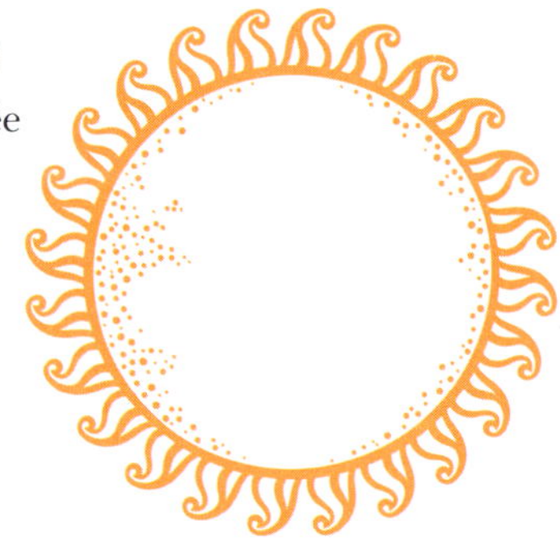

L'astrologie que nous utilisons en Occident est appelée *astrologie tropicale*. Elle est basée sur un zodiaque dit tropical, ou zodiaque des saisons. Elle relie le solstice d'été au degré 0 du Cancer et le solstice d'hiver au degré 0 du Capricorne. C'est l'inverse dans l'hémisphère sud. Elle est liée au moment où le Soleil est au plus haut dans l'hémisphère nord, ce qui signifie qu'il atteint l'extrême nord de la surface de la Terre dans le Tropique du Cancer, et au solstice d'hiver lorsqu'il atteint l'extrême sud du Tropique du Capricorne.

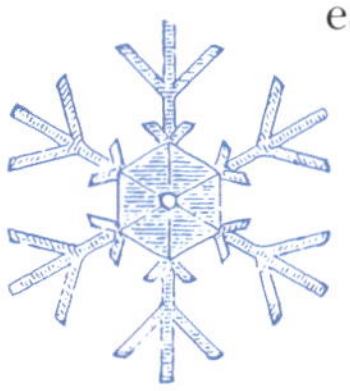

L'astrologie sidérale, elle, se réfère aux constellations d'étoiles pour former son zodiaque, appelé zodiaque sidéral. Le zodiaque sidéral est utilisé en astrologie védique (hindoue). Il est actuellement décalé de 24 degrés par rapport au zodiaque tropical en raison du mouvement de précession des équinoxes. C'est ce qui explique qu'une personne sera le plus souvent du signe de la Vierge en astrologie occidentale et du Lion en astrologie védique. Cette différence peut être déroutante pour les débutants en astrologie. Cela étant, le propos de l'astrologie védique est différent de l'astrologie tropicale, dans la mesure où sa mission tient davantage à la prédiction et au choix

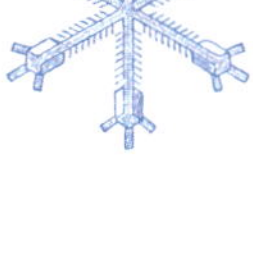

du moment approprié plutôt que de la lecture des caractéristiques d'une personne.

Autres points sensibles

Nous avons parlé des vertex, mais sachez qu'il existe aussi des anti-vertex, ainsi que des points à l'est et à l'ouest et probablement une foule d'autres points maintenant que les ordinateurs peuvent les calculer. Certains astrologues aiment faire des expériences avec ces points.

Astéroïdes

Maintenant que les logiciels peuvent trouver et répertorier ces objets, les astrologues les emploient volontiers, en plus des planètes habituelles.

Firmicans, Almutens, et autres éléments

Ce sont des divisions mathématiques qui peuvent être utilisées dans certaines techniques prédictives. Certaines sont liées aux dwadasamsas.

Astrologie védique /hindoue

L'astrologie védique s'appuie sur l'astrologie sidérale. Elle utilise également 27 ou 28 divisions appelées *nakshatras*. Celles-ci sont basées sur le mouvement de 13 degrés de la Lune au cours d'une journée. Si l'on divise un cercle par ce mouvement de 13 degrés, on obtient 27,69 segments, ce qui équivaut aux 27 ou 28 nakshatras. Chaque nakshatra porte le nom d'un dieu ou d'une déesse et possède son caractère et sa mythologie.

L'astrologie chinoise

L'astrologie chinoise a dû avoir un lien avec le système solaire et les étoiles dans un passé lointain et obscur. Il existe une théorie selon laquelle au début, il ne s'agissait pas d'un examen de ce qui se passe sur l'écliptique mais autour de l'étoile polaire. Cependant, il semble y avoir un vague lien avec les mouvements de Jupiter et de Saturne ainsi qu'avec ceux du Soleil et de la Lune. Certains de ces mouvements sont faciles à comprendre une fois que l'on a assimilé le système. D'autres sont beaucoup plus complexes. Il existe des programmes gratuits spécialisés en astrologie chinoise, vous les trouverez sur Internet. Comme vous le verrez chaque année est régie par un animal.

Les douze animaux		
Rat	Buffle	Tigre

Lapin	Dragon	Serpent

Cheval	Chèvre	Singe

Coq	Chien	Cochon

Chaque signe peut être masculin ou féminin, et chacun est relié à un ensemble de correspondances. Il existe également cinq éléments utilisés par ce type d'astrologie, et chaque élément gouverne pendant deux ans. Chaque élément dispose également d'un ensemble de liens et de correspondances.

Les éléments				
Bois	Feu	Terre	Métal	Eau

Le thème est appelé *Les quatre piliers* du fait de sa construction qui repose sur quatre colonnes ou piliers. Le premier montre l'animal et l'élément du sujet à l'heure de sa naissance, le deuxième ceux de ce son jour de naissance, le troisième correspond au mois et le quatrième à l'année de naissance.

Ce système est étroitement lié au Yi Jing, au Feng Shui et à d'autres systèmes encore, de quoi vous combler si vous aimez la culture orientale.

Autres formes d'astrologie

L'astrologie aztèque est probablement la plus compliquée à comprendre pour les Occidentaux. Elle est construite sur un langage et des concepts très complexes. Il existe des calendriers à usage religieux, d'autres pour l'agriculture, d'autres encore pour ce qui s'apparente à de la lecture des caractéristiques définissant un individu. L'ensemble est réuni dans un thème aussi beau que complexe. Les Aztèques emploient également les divisions en treize jours de la Lune et la position de Vénus.

Parmi les autres formes d'astrologie, on trouve les divinations nordiques et celtes Ogham, et bien d'autres systèmes conçus sur la numérologie et l'astrologie en Orient.

* * *

14

L'ASTROLOGIE EN ACTION

Quand on débute en astrologie, l'analyse d'un thème natal n'est pas toujours évidente. Voici l'interprétation d'un thème, décortiquée étape par étape.

Tom Jones – Caractère et vie personnelle

Intéressons-nous à présent au thème natal d'une célébrité. C'est un bon prétexte pour comprendre la manière d'analyser le caractère et le style de vie potentiel d'une personne. Dans cet exercice, j'ai choisi le thème de Tom Jones, le chanteur gallois, connu dans le monde entier. Il est notamment très populaire à Las Vegas, où il a passé une bonne partie de sa vie professionnelle. Tom est baryton, sa voix est forte et mélodieuse. Il chante dans des registres qui vont de la pop au rock en passant par le blues. Lorsqu'il était jeune, ses agents ont fait de lui un sex-symbol, un peu comme on a tendance aujourd'hui à « marketer » les femmes. Tom a toujours été un bel homme, qualité qu'on peut encore lui attribuer bien que sa jeunesse soit derrière lui.

Tom est né le 7 juin 1940, à Treforest, Pontypridd, dans le comté de Glamorgan au sud du Pays de Galles (coordonnées : 51° 37° nord, 3° 22° ouest). Tom est né juste après minuit, à 00 h 05 (heure d'été britannique).

Le père de Thomas John Woodward, c'est son nom complet, était mineur de charbon. Le pire moment de la vie de Tom s'est produit lorsqu'il avait douze ans. Il contracta alors la tuberculose et passa deux ans dans son lit, sans autre occupation que d'écouter de la musique à la radio et dessiner. Autant dire qu'il n'a pas pu étudier normalement. Il a cependant développé son imaginaire et s'est mis en tête de devenir chanteur. On le retrouve plus tard à travailler à l'usine pour joindre les deux bouts. Comme si tout cela était trop simple, Tom et sa petite amie Linda se marient à l'âge de seize ans, un mois avant la naissance de leur fils, Mark Woodward. Linda a seize ans également. Mark est aujourd'hui l'agent de Tom. On les prend volontiers pour des frères compte tenu de leur écart d'âge.

Le mariage de Tom et Linda dura jusqu'à la mort de cette dernière en 2016. Leur relation a été tumultueuse au regard des aventures largement médiatisées de Tom. Il avoue d'ailleurs avoir eu des relations sexuelles avec 250 groupies par an lorsqu'il était au sommet de sa carrière ! Personnellement je n'ai jamais considéré Tom comme un homme particulièrement sexy mais plutôt comme un artiste assidu qui s'est dévoué entièrement à sa carrière, un dévouement qui lui a été profitable. Après avoir mené une belle carrière de chanteur, Tom anime aujourd'hui *The Voice*, une émission qui rencontre un véritable succès dans le monde entier. L'homme est actif et n'a pas l'intention de raccrocher les gants.

Sur le plan astrologique, commençons par observer la structure de son thème natal. Partons de l'ascendant et déroulons la lecture dans le sens inverse des aiguilles d'une montre. Je vous présente ici une analyse succincte du thème du chanteur. Cela vous permettra de vous faire une idée du chemin à emprunter.

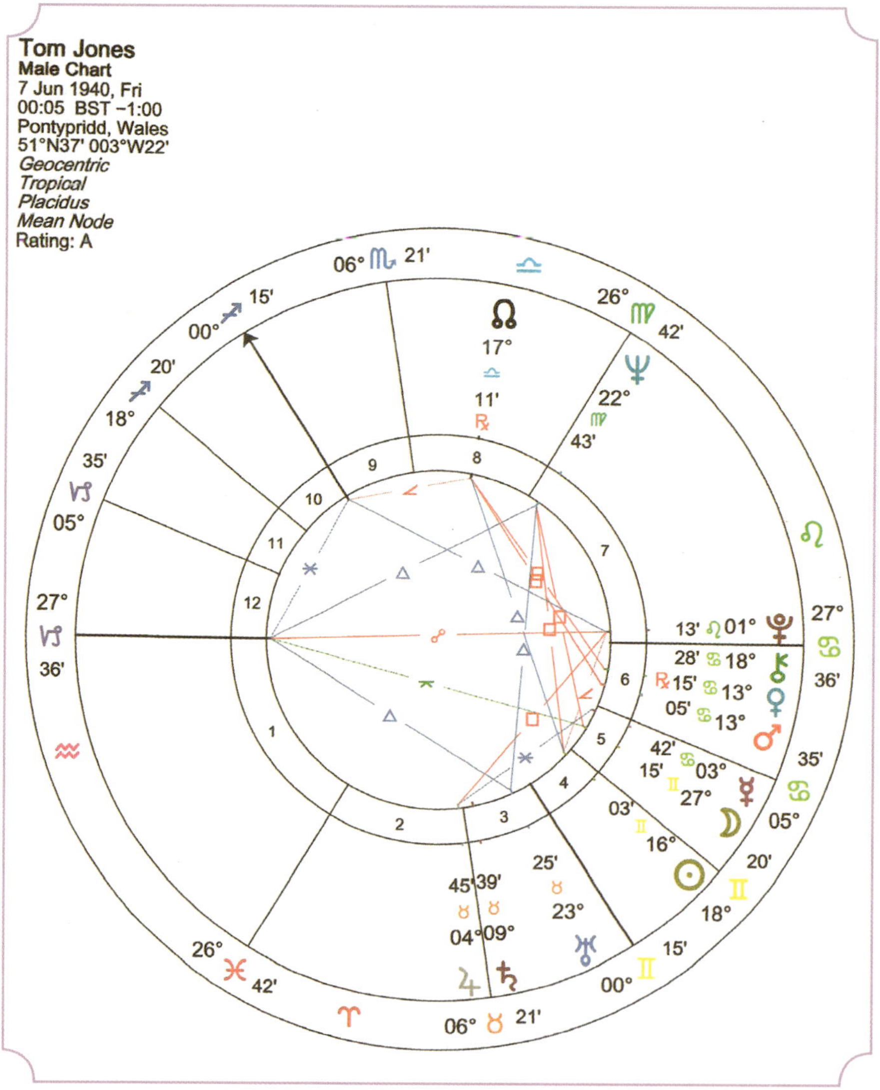

Thème natal de Tom Jones.

Répartition des astres

Les planètes sont majoritairement réparties dans la moitié inférieure. Cela indique que Tom s'efforce d'être vu et accepté par les autres. Le fait que la plupart des planètes se trouvent également dans l'hémisphère droit suggère que des personnes l'ont guidé et aidé à réussir. Ce thème a une forme de bol. Une planète sort cependant du lot, c'est Neptune, la planète de la créativité, de l'imagination, du rêve et des arts. Elle est associée à l'isolement, liée à la maladie et au besoin d'un exutoire créatif.

Ascendant

L'ascendant de Tom c'est le Capricorne, ce qui laisse penser que son milieu familial a été marqué par le travail et la pauvreté, un fait indéniable dans la vie de l'intéressé. Cet ascendant peut aussi indiquer qu'il a été élevé ou pris en charge par ses grands-parents ou d'autres personnes âgées. Sur ce terrain, nous n'avons aucune information tangible. L'ascendant Capricorne confère de l'ambition et un sens de l'économie, car la personne comprend instinctivement que la vie peut être très difficile sans argent. Le thème de Tom comporte de grandes maisons, en particulier la Maison I, dans laquelle on trouve le Verseau. La Maison I se rapporte à la personne et à son corps physique. Dans le cas du chanteur, la présence du Verseau en Maison I indique que les choses peuvent dégénérer de manière inattendue et qu'il ne doit jamais cesser de veiller à sa santé et à son apparence. On imagine que Tom Jones a entendu la leçon, puisqu'il n'a pas la réputation d'un homme qui s'adonne au jeu, à la boisson ou à la drogue. Dans le vrai style Capricorne, Tom est un travailleur acharné, attentif aux détails et soucieux des besoins de sa famille. On modérera ce dernier aspect par le besoin insatiable de conquêtes féminines. Les sujets dont l'ascendant est en Capricorne sont des personnes qui ont une bonne constitution osseuse et qui restent belles, même en vieillissant.

Les planètes et les nœuds

En partant de l'ascendant, on constate que le nœud sud, bien qu'il ne soit pas représenté ici, est opposé au nœud nord en Balance. Le nœud sud en Bélier offre à Tom son indépendance, un instinct fiable et la conscience des situations dangereuses. Le nœud est dans en Maison II, ce qui signifie que le sujet met un point d'honneur à donner une bonne image de lui-même. Le nœud ne se présente pas ici sous son meilleur jour, on ne s'étonnera pas que Tom ait perdu de l'argent dans des transactions immobilières au rendement douteux. L'ascendant Capricorne est attiré par les questions de propriété. Il est situé dans un trigone avec Uranus et Neptune. Cela étant, le désordre qui règne avec les nœuds nord et sud permet de déduire que la spéculation immobilière est loin d'être la meilleure forme d'investissement pour notre chanteur.

Jupiter est en Taureau. On sait que le Taureau dirige la voix et que Jupiter apporte chance et réussite à tout ce qu'il touche. C'est donc une bonne chose pour Tom. Jupiter est en Maison II (celle de la richesse personnelle) et bien qu'elle fasse un aspect carré difficile avec Pluton (ce qui suggère des difficultés juridiques à un moment donné), elle a également un aspect sextile par rapport à Mercure, ce qui suggère que des accords commerciaux seraient fructueux.

Saturne est proche de Jupiter et se trouve aussi en Taureau. Bien que cette planète puisse être déprimante, elle est de bon augure pour les courageux. Saturne étant dans un signe associé à la musique et au chant, elle est utile à Tom. Comme Uranus, Saturne se trouve en Maison III, ce qui laisse supposer des difficultés dans sa scolarité.

Le Soleil de Tom est en Gémeaux, un signe qui n'est pas particulièrement orienté sur la musique. Je pense cependant que cette configuration facilite le côté technique de la création et de l'enregistrement. Les Gémeaux s'ennuient vite, ils ont besoin d'occupation, il n'est donc pas surprenant que Tom travaille encore à l'âge de quatre-vingts ans. Le Soleil est en Maison IV, ce qui signifie que la famille de Tom, sa femme, son foyer sont très importants. La Lune de Tom est également en Gémeaux, ce qui le rend très séduisant. Le Soleil et la Lune ont un aspect carré par rapport à Neptune, ce qui suggère un besoin d'expression artistique et beaucoup de travail pour y parvenir. La Lune de Tom est en Maison V, qui régit les relations amoureuses, le plaisir, l'amusement et les bonnes choses de la vie, mais c'est aussi une maison très musicale qui apporte glamour et richesse en offrant du plaisir aux autres. Le soleil en Maison IV et la Lune à proximité suggèrent que Tom a pris soin de sa famille dès qu'il a pu se le permettre. Nous savons qu'il est proche de son fils, Mark.

Le thème de Tom montre un stellium (un amas de planètes) en Cancer, comprenant Mercure, Mars, Vénus et Chiron. Mercure est en Maison V, qui est en rapport avec le glamour et le show-business, les autres planètes sont en Maison VI, celle du travail pour se rendre utile et de la santé. J'en déduis que les actions caritatives de Tom sont en lien avec la santé. Il peut aussi être passionné par les petits animaux. Il est intéressant de noter que sa Vénus est rétrograde et carrée par rapport aux nœuds. On peut en déduire qu'il a dû se sentir parfois tiraillé entre son besoin de travailler et son désir d'être à la maison ou avec sa famille. Il est probable qu'il travaille aujourd'hui à la maison, dans son propre studio et entouré par les siens. Le fait que Mars et Vénus soient proches le rend agréable et charmant, mais il n'a pas peur de s'affirmer lorsque c'est nécessaire. Chiron, en Maison VI en Cancer, est lié à la tuberculose dont il a souffert lorsqu'il était enfant et qui l'a retenu à la maison. Il peut être du genre à s'inquiéter pour sa santé ou celle des membres de sa famille.

Pluton sur la cuspide de la Maison VII en Lion témoigne de tragédies dans ses relations personnelles. Outre sa femme, je devine qu'il a perdu beaucoup d'amis chers à son cœur.

Neptune est une planète importante dans le thème de Tom, elle est seule en haut du thème. Neptune se trouve en Maison VII, ce qui suggère à la fois une aide et un obstacle pour les affaires et les relations d'une manière générale. Je pense que Tom a été escroqué à un moment ou à un autre, et il doit parfois être difficile pour lui de savoir exactement ce que font les autres. Cependant, c'est aussi une planète d'art et de musique, d'imagination et d'intuition, donc elle régit sa vie, et avec son trigone vers Uranus et l'ascendant, Neptune apporte aussi des percées inattendues et des portes qui s'ouvrent pour lui juste au moment où il en a le plus besoin. Tom s'est essayé à une carrière d'acteur qui n'a pas fonctionné. Neptune étant à l'équerre par rapport au Soleil et à la Lune, il n'y a rien de surprenant à cela. Je ne serais pas surprise de découvrir que Tom peint aussi pour le plaisir. Je peux également constater qu'il est diligent et méticuleux dans tout ce qu'il fait, grâce à Neptune en Vierge et à son ascendant, le Capricorne.

Le nœud nord est en Balance, ce qui montre à Tom qu'il doit inclure les autres dans ses plans et qu'il est préférable de travailler avec les autres plutôt que seul. En tant que chanteur et musicien, une grande partie de sa vie artistique et professionnelle a impliqué d'autres personnes, rien d'illogique à cela. En outre, à l'instar du Taureau, la Balance est un signe associé à la musique, il semble donc que Tom fasse ce qu'il est censé faire de sa vie sur le plan karmique.

Le Mc se trouve en Sagittaire ce qui laisse imaginer que Tom réussit tout ce qu'il entreprend et que son ambition repousse sans cesse ses limites.

On pourrait en dire bien plus sur le thème de Tom. Mais vous avez là les grandes lignes qui vous permettent de comprendre la lecture d'un thème natal.

À PROPOS DE L'AUTEURE

En quête d'outils pour comprendre ses semblables, Sasha Fenton a trouvé dans l'astrologie les réponses qu'elle cherchait. Auteure d'un grand nombre de chroniques astrologiques dans la presse et de plusieurs ouvrages dédiés aux sujets du corps, de l'âme et de l'esprit, Sasha a été reçue sur les plateaux de nombreuses émissions de radio et de télévision. Elle a également animé des conférences et des ateliers dans le monde entier, dans le cadre de festivals spirituels et astrologiques.

Sasha Fenton a été présidente de la *British Astrological and Psychic Society*, de l'*Advisory Panel on Astrological Education*, et a été membre du conseil exécutif de la *Writers' Guild of Great Britain.*

Sasha est mariée avec Jan Budkowski, auteur et conseiller en édition. Elle a deux enfants, quatre petits-enfants, dont deux sont déjà adultes. Elle vit dans l'ouest de l'Angleterre.

CRÉDITS PHOTO

INDEX